DATEN-DOWNLOAD

Im Downloadbereich zu diesem Tourenbuch befinden sich folgende Dateien: Im Ordner GPS-Daten gibt es zwei Hauptordner, Tracks und Wegpunkte. Darunter folgt eine Unterteilung in GPX und KML, dort sind alle Routen im jeweiligen Format abgespeichert.

- Tracks
  - Tracks-gpx
  - Tracks-kml
- Waypoints
  - Waypoints-gpx
  - Waypoints-kml

W0298116

Eine kurze Erklärung zu den Dateien findest du ab Seite 12.

So kommst du an die Daten:

Tippe folgenden Link ein:

https://pistenkuh.de/download/alpen-4/

Dort gibst du bei Passwort den unten stehenden Code ein.
Nach dem Download hast du die Dateien in einem ZIP-Ordner und kannst diese nach dem Entpacken nutzen.

Viel Spaß bei der Planung deiner Abenteuerreise.

Dein Code lautet

8269872

Der Code funktioniert nicht oder fehlt?

Der Code besteht nur aus Zahlen.
Manchmal liegt es auch an dem verwendeten Browser, probiere es bitte noch einmal mit einem anderen.

Sollte der Code dennoch nicht funktionieren, helfen wir schnell und unkompliziert. Sende einfach eine Mail an shop@pistenkuh.de

Inhalt

Inhalt

GPS OFF-ROAD
Tourenbuch für 4x4 Reisen

Westalpen / Gardasee

Sabine und Burkhard Koch

GPS-Offroad-Tourenbuch für 4x4 Reisen
Westalpen / Gardasee

pistenkuh.de Verlag
Burkhard Koch
Zur neuen Hoffnung 5
57234 Wilnsdorf
info@pistenkuh.de

Verlags- und Postanschrift
Redaktionsbüro Pistenkuh.de
Nicole Seelbach
Querweg 12
53639 Königswinter

ISBN 978-3-94681613-3
Printed in Germany

Die Autoren

Sabine und Burkhard Koch, beide Jahrgang 1965, reisen seit ihrem 16. Lebensjahr gemeinsam. Zunächst mit Fahrrad und Zelt innerhalb Europas, später mit Tochter Nicole in einem Ford Transit in Asien und Afrika. Mit Anfang 20 entstand der Wunsch, zeitlich unabhängig zu reisen, mobil zu leben, ein Nomadenleben zu führen. Sie erstellten einen Finanz- und Sparplan, arbeiteten viel und investierten das gesparte Geld in Unternehmensbeteiligungen. Im Alter von 33 Jahren, früher als erwartet, war die finanzielle und damit die zeitliche Unabhängigkeit erreicht und die Verwirklichung ihres Traumes konnte beginnen.
Die jahrelang optimierten Skizzen für das Allrad-Reisefahrzeug waren die Grundlage für den Bau des Expeditionsfahrzeuges auf dem Fahrgestell eines Magirus Deutz. Im Jahr 2013 wurde das Fahrgestell auf einen Steyr 12m18 vom österreichischen Militär gewechselt.

Im März 2004 nahm Tochter Nicole ihr Lehramts-Studium auf und verließ die elterliche Wohnung. Dies war der Zeitpunkt für Sabine und Burkhard, ihr Nomadenleben zu starten. Seit fünfzehn Jahren sind die beiden ohne festen Wohnsitz unterwegs und berichten auf ihrer Internetseite www.pistenkuh.de von ihren Erlebnissen.

Schon auf ihrer ersten Reise fanden Sabine und Burkhard Spaß am Fotografieren und Schreiben. Sie schreiben regelmäßig in bekannten Magazinen wie Explorer, 4x4Travel, 4x4action und sind im festen Autorenteam des Overland-Journal-Europe.

2011 veröffentlichten sie ihren ersten GPS-Offroad-Reiseführer zu Marokko. In den folgenden Jahren entstanden weitere Offroad-Tourenbücher zu Pyrenäen, Rumänien, Island, Albanien, Mongolei und Mauretanien.
Abgerundet wird das Programm durch Know-How-Film-DVDs zu den Themen Expeditionsfahrzeug und Offroad-Fahrtechnik.

Inhalt

Inhalt

Inhalt

Inhalt

Erläuterungen zum Tourenbuch

1. Entstehung und Inhalt

Für dieses GPS-Offroad-Tourenbuch waren wir 2012 zwei Monate auf abenteuerlichen Pisten in Italien und Frankreich unterwegs. Das Ergebnis sind insgesamt 30 Offroad-Strecken. Für diese 4. Auflage wurden 2022 einige Routen auf Fahrverbote überprüft und neue Reglementierungen ergänzt.

Jede Strecke wurde von uns selbst befahren und detailliert beschrieben. Zu jeder Route ist ein Schwierigkeitsgrad (SG) angegeben, der die eigene Beurteilung in Verbindung mit den Fahrzeugklassen (FZK) erleichtert. Wir haben eine Bewertung der Routen in Form von Sternen vorgenommen, in die unser Eindruck von Fahrspaß, landschaftlicher Schönheit und Erlebniswert eingeflossen ist. Der ungefähre Zeitbedarf ist eine gute Hilfe für die Reiseplanung, ebenso wie Angabe der Reisezeit, in der die Strecke befahren werden kann.

Im Daten-Download zu diesem Tourenbuch befinden sich folgende Dateien:
Im Ordner GPS-Daten gibt es zwei Hauptordner, Tracks und Wegpunkte. Darunter folgt eine Unterteilung in GPX und KML, dort sind alle Routen im jeweiligen Format abgespeichert.

- Tracks
  - Tracks-gpx
  - Tracks-kml
- Waypoints
  - Tracks-gpx
  - Tracks kml

Die GPX-Datei dient als Austauschformat und kann in fast alle Navigationsprogramme und GPS-Geräte importiert werden. Die KML-Datei dient zur Anzeige bei Google-Earth und zum Import in die Navi- App Maps.Me.
Im Ordner PDF-Dokumente befindet sich zu jeder Route eine PDF-Datei mit der vollständigen Wegpunktliste zum Ausdrucken oder Anzeigen auf dem Tablet.
Neben allgemeinen Reise-Informationen für Selbstfahrer haben wir Tipps und Tricks zum Offroad Fahren und zur Navigation zusammengestellt.

Wir wünschen viel Spaß mit diesem Tourenbuch und eine erlebnisreiche Reise.

2. Routenbeschreibung und Wegpunkte

Die bebilderte Routenbeschreibung liefert besondere Hinweise für die Strecke, wichtige Wegpunkte (Gabelungen, Abzweige, Übernachtungsplätze) werden erklärt. (Die vollständige Aufzählung der Wegpunkte mit Koordinaten enthält die Wegpunktliste, PDF-Datei im Download.) Schwierige Passagen sind mit Angabe von Schwierigkeitsgraden für die verschiedenen Fahrzeugklassen detailliert beschrieben.

Wegpunkte/Waypoints (WP)

Für den Import der Wegpunkte ins GPS-Gerät bieten wir die Wegpunktlisten in einem allgemeinen Format (GPX) an, das für die meisten GPS-Geräte und Navigations-APPs kompatibel ist. Der Name besteht aus 6 Zeichen ohne Sonderzeichen.

Die Routen sind von 1-30 durchnummeriert. Jeder Wegpunkt und jede Route beginnt mit dieser Nummer. Der dritte Buchstabe kennzeichnet Teilbereiche der Route. A) ist immer die Hauptroute von der sich Alternativrouten oder Abstecher ergeben, die alphabetisch fortlaufend bezeichnet sind. Der vierte Buchstabe kennzeichnet die Art des Wegpunktes. So gewinnt man Informationen, die evtl. für die eigene Planung wichtig sind.

A = Aussichtspunkt
E = Endpunkt
F = Furt, teils nur temporär, z.B. durch Schmelzwasser
H = Haus, Gebäude, Alm
P = Picknickplatz
Q = Quelle oder Brunnen
R = Ruine
T = Anfang / Ende Teerbelag
W = Wegpunkt zur Orientierung
X = Kreuzung oder Abzweig

An 5. u. 6. Stelle haben wir eine fortlaufende Nummer vergeben, entsprechend der Lage der Wegpunkte (Reihenfolge) auf der Route. Der WP 15ap07 ist der 7. Wegpunkt auf der Hauptroute der Nr. 15, es handelt sich um einen Picknickplatz.

Die Wegpunktbeschreibungen wie „Einmündung von links, geradeaus weiter", gelten natürlich immer nur in Fahrtrichtung. Fährt man die Route in umgekehrter Richtung, dann wird aus der Einmündung eine „Gabelung".

Die Wegpunktliste enthält die vollständige Auflistung aller Wegpunkte mit einer Beschreibung. Auch Wegpunkte, die nicht direkt auf der Route liegen, z.B. ein schöner Übernachtungsplatz in der Nähe oder eine Alternativ-Route, sind dort aufgelistet.
Bei der Angabe der Teil-km und der Entfernungs-km handelt es sich um die Luftlinie, wie diese auf der Route liegen. Da sie nur der groben Orientierung dienen sollen, haben wir die Rundungsfehler nicht korrigiert.

3. Fahrzeugklassen und Schwierigkeitsgrade

Fahrzeugklassen (FZK)

Ob Strecken befahren werden können oder nicht, hängt vor allem vom Fahrzeug und vom Können des Fahrers ab. Daher haben wir die Fahrzeuge in drei Klassen eingeteilt:

FZK 1: Geländewagen wie Land Rover, Land Cruiser, Mercedes G, etc. in seriennahem Zustand

FZK 2: kleine Allrad-Womos wie Scan, Bremach, Iveco Daily, etc. und Huckepackmobile

FZK 3: große Allrad-Womos wie MAN, Mercedes, Magirus, Unimog, etc.

Nur wenige der beschriebenen Routen sind mit Fahrzeugen der Klasse 2 u. 3 befahrbar, siehe Übersicht Seite 238. Höhenbegrenzungen durch Tunnel bestehen nur für vier Routen. Die Strada de la Cucca, Route 6, ist nur für Fahrzeuge der Klasse 1 befahrbar, geschätzte Höhe des Tunnels etwa 2,70. Der Tunnel der Route 16, Monte Jafferau, ist etwa 2,80 m hoch. Der Scheiteltunnel der Route 22, Col de Parpaillon (FZK 1+2) ist hoch ausgelegt, etwa bei 3,00 Meter. Ebenso der Tunnel des Colle del Garezzo, Route 28, empfohlen nur für Fahrzeugklasse 1.

Schwierigkeitsgrade (SG)

Was ist schwierig zu fahren und was nicht und wie schwierig ist es wirklich? Das Schwierigste ist die Einteilung in Schwierigkeitsgrade, dazu eine kleine Story aus Albanien:

Wir sind auf dem Campingplatz in Albanien, sitzen in kleiner Runde zusammen und ich erzähle von unserem Offroad-GPS-Projekt. Boris und Judith haben einen kleinen Geländewagen, etwas schmaler, kürzer und leichter als unser Fahrzeug. Boris: „Wir sind vor vier Tagen eine Piste gefahren, es war der Horror. Ich dachte, wir stürzen jeden Moment in die Schlucht. Judith ist schreiend ausgestiegen."
Judith: „Ich konnte nicht mehr, ich habe nur noch geweint, wir konnten dort ja auch nicht wenden und rückwärts kann man da auch nicht fahren, das war ja alles direkt am Abgrund. Ich war so froh, als das vorbei war."

Ich habe daraufhin verschwiegen, dass wir dieselbe Strecke zehn Tage vorher gefahren sind und ich diese als mittelschwer beurteilt habe. Der Grund liegt darin, dass sie objektiv nicht sehr schwierig ist, die Piste ist breit genug für Fahrzeuge Klasse 1-3. Die Kippneigung am Hang ist zwar gegeben, aber die Schräglage ist nicht so extrem, dass das Fahrzeug wegrutschen oder umkippen könnte. Demnach müssen bei der Einteilung der Schwierigkeitsgrade solche psychischen Gegebenheiten berücksichtigt werden. Schrägfahrten am Abgrund sind für einige Fahrer etwas anders, als Schrägfahrten in der Ebene. Soviel zur Objektivität unserer Einteilung.

Nach folgendem System teilen wir ein:

Asphaltstraße ist SG 0 und kommt in unserem Projekt nicht vor, wir dokumentieren nur Pisten. Einfach zu befahrende Pisten, min. 3 Meter breit ohne extreme Steigungen, Geröllfelder, Flussdurchfahrten etc. = SG 1. Das bedeutet nicht, dass die Piste schnell zu befahren ist, SG 1 kann auch nerviges Wellblech sein.

Jede der folgenden Schwierigkeiten bedeutet einen weiteren Punkt: Tiefe Querrinnen, extreme Steigungen/Gefälle, Furten, Schlamm, Engstellen bis 2,80 m, Kehren in denen man reversieren muss, Felsbrocken auf der Fahrbahn, Kippneigungen etc. Einen weiteren Punkt gibt es für besonders lange Passagen und für Strecken am Abhang entlang.
Also: eine tiefe Querrinne = SG 2. Ist die tiefe Querrinne in einer extremem Steigung = SG 3. Ist an diesem Stück noch eine Engstelle = SG 4.
Die Einstufung der gesamten Route richtet sich nach dem maximalen auftretenden Schwierigkeitsgrad, es wird kein Durchschnitt gebildet. Eine einfache Schotterstrecke (SG 1), die nur in einem Abschnitt eine Furt mit weichem Sand aufweist (SG 3), wird als SG 3 eingestuft. Das soll böse Überraschungen auf halbem Wege vermeiden, führt aber auch dazu, dass bei einigen Strecken der angegebene SG höher ist als der »gefühlte«.

Strecken mit SG 1 und SG 2 sind auch von Anfängern mit wenig oder keiner Geländeerfahrung zu bewältigen. Es sind ideale Strecken, um mit seinem neuen Allradmobil erste Erfahrungen zu sammeln. Die Gefahr, sein Fahrzeug auf diesen Routen zu beschädigen, auch bei kleinen Fahrfehlern (angepasste Geschwindigkeit vorausgesetzt) besteht hier nicht.

Routen mit SG 3 dürften Fahrer, die ihr Fahrzeug kennen und etwas Erfahrung im Gelände haben, vor keine unlösbaren Schwierigkeiten stellen. Eventuell ist der Beifahrer zum Einweisen nötig oder die schwierige Stelle kann notdürftig mit Steinen überbrückt werden. Hier können leichte Schäden am Fahrzeug durch Unvorsichtigkeit oder grobe Fahrfehler entstehen, z.B. Aufsetzen mit dem Heck bei zu geringem Böschungswinkel.

Als SG 4 gekennzeichnete Routen sind schwierige und teilweise gefährliche Strecken, die ein fahrerisches Können erfordern. Hinzu kommen psychische Belastungen wie keine Randsicherung an Engstellen, Kippneigung des Fahrzeuges, lange, nur fahrzeugbreite Strecken ohne Ausweichmöglichkeit, enge Pisten entlang eines Abgrunds.

Extrem schwierige und gefährliche Strecken sind als SG 5 eingestuft. Kleine Fahrfehler können unter Umständen zum Totalschaden des Fahrzeuges führen (z.B. Umkippen). Der Fahrer muss sein Fahrzeug perfekt beherrschen, vorwärts wie rückwärts. Zum Beispiel enge Spitzkehren ohne Randsicherung, mit Steigung und losem Schotter, in denen man zurücksetzen muss.

4. Sterne und Zeitangaben

Sterne

Landschaftliche Schönheit bewerten, wie soll das gehen? Einer mag die Berge, würde nie an die Nordsee fahren und ein anderer findet gerade das flache Land faszinierend. Ihr seht, eine Wertung von Schönheit, gepaart mit Fahrspaß in Form von Sternen kann nur subjektiv sein, vielleicht sogar das Subjektivste in diesem Offroad-Reiseführer. Eine abwechslungsreiche Strecke, die etwas fahrerisches Können verlangt, bereitet mehr Fahrspaß und bekommt dadurch eine höhere Bewertung, als eine langweilige Piste im Wald ohne Ausblicke.

Unsere Wertung reicht von eins bis fünf. Fünf Sterne sind die Highlights, eigentlich ein MUSS für jeden Offroad-Reisenden. Das heißt aber nicht, dass die Strecken, die nur zwei Sterne haben, keinen Reiz darstellen.

Zeitangaben

Zeitangaben sind so individuell wie der Reisende selbst. Mit einer unbeladenen Cross-Maschine kann man die Strecke vielleicht in 1 Stunde und 42 Minuten runterknüppeln, mit einem für Wochen autark ausgerüsteten drei Tonnen Allrad-Wohnmobil braucht man deutlich länger. Wie viele Berghänge werden zwischendurch bestiegen, um zu fotografieren oder die Aussicht zu genießen?

Dennoch geben wir für die grobe Reiseplanung zu jeder Route eine ungefähre Zeitangabe an, mit der Einteilung 2 Std. oder ½ Tag. Auch für Reisende, die nur mal eine Tagestour machen und abends wieder in einem Hotel schlafen möchten, ist diese Zeitangabe hilfreich.

5. Witterungseinflüsse / Höhere Gewalt / Fahrverbote

Der Zustand der Strecken, kann sich durch Witterungseinflüsse schnell verändern. Starke Regenfälle im Frühjahr führen oft dazu, dass Teile der Pisten wegrutschen. Die Route kann somit von unserer Beschreibung abweichen und der Schwierigkeitsgrad sich erhöhen. Andererseits werden auch wenig befahrene Strecken provisorisch instand gehalten und so können von uns beschriebene Engstellen und Schwierigkeiten beseitigt worden sein. In der Regel sind die Gebirgspisten im Spätsommer in einem besseren Zustand als im Frühjahr kurz nach der Schneeschmelze.

In den Bergen sind Wetterwechsel auch im Sommer nicht selten. Lehmige Passagen am Abhang, im trockenen Zustand völlig problemlos zu befahren, werden innerhalb von Minuten nach dem Einsetzen des Regens extrem rutschig und gefährlich. Aufziehender Nebel erschwert die Orientierung erheblich und einsetzender Schneefall kann eine Befahrung unmöglich machen.
Man kann versuchen, aktuelle Informationen zum Zustand der Strecke vor Ort einzuholen. Als gute Informationsquellen erwiesen sich auf unserer Reise die örtliche Polizei (Pistenzustand), das Touristenbüro (Wetter) und Landwirte (Pisten und Wetter). Die Landwirte sprechen in der Regel kein Englisch oder Deutsch.

Fahrverbote

Auf einigen der hier beschriebenen Strecken gelten Fahrverbote für Motorräder, Wintersperren, Fahrverbote an Wochenenden oder an bestimmten Werktagen, Einbahnstraßenregelungen die uhrzeitabhängig sind, Tempolimits, Gewichtsbeschränkungen etc. Diese Regelungen sind bei den Routenbeschreibungen aufgeführt, können sich jedoch ohne lange Vorankündigung ändern.
Auch auf Pisten werden gelegentlich Geschwindigkeitsmessungen durchgeführt (z.B. Assietta-Kammstr.) oder das Einhalten von Fahrverboten wird mit Hubschraubern kontrolliert. Verstöße werden in Italien und Frankreich mit hohen Geldbußen (bis 700,- Euro) geahndet und können auch zur Beschlagnahmung des Fahrzeuges führen.

Eine Besonderheit

Jeder kennt das runde Schild mit dem roten Kreis auf weißem Grund. Absolutes Fahrverbot für Kraftfahrzeuge aller Art. In Italien bedeutet dieses Schild in einigen Provinzen jedoch nur, das die Befahrung auf eigene Gefahr erfolgt. Die Strecke wird nicht mehr unterhalten, d.h. Brücken nicht mehr auf Tragfähigkeit kontrolliert, Stützmauern nicht auf Halt geprüft etc. Sollte es auf diesen Strecken zu einem Schaden kommen, kann man die Gemeinde nicht wegen Pflichtverletzung in Regress nehmen. Ob die eigene Vollkaskoversicherung für den Schaden aufkommt, ist fraglich und sollte vorher geklärt werden.

Achtung: Ist das Verbotsschild mit einer Zusatztafel versehen, auf der Paragrafen aufgeführt werden, handelt es sich um ein striktes Fahrverbot.

Wir weisen nochmals darauf hin, dass weder der Verlag, noch die Autoren für Schäden haftbar gemacht werden können. Alle Strecken wurden von uns im Sommer 2011 befahren und zuletzt im Sommer 2021 überprüft bzw. aktualisiert

6. Von Waypoints und Tracks

Jeder kennt die Geschichte von Hänsel und Gretel, die, um wieder nach Hause zu finden, den Weg mit Kieselsteinen markierten. Nehmen wir an, Hänsel hätte einen Sack Sand auf dem Rücken getragen und dieser hätte ein kleines Loch gehabt, dann hätte er den ganzen Weg über eine kleine Sandspur gelegt.
Im übertragenen Sinne kann man sagen, die Sandspur ist der Track, ein einzelnes Sandkorn ein Trackpoint, die Kieselsteine – Hänsel könnte sie sogar beschriften und Symbole aufmalen – sind die Waypoints.

Noch etwas genauer: Bei den meisten GPS-Geräten kann man einstellen, in welchen Abständen die Position gespeichert wird. Entweder in einem zeitlichen Abstand, z.B. alle zehn Sekunden oder in einem räumlichen Abstand, z.B. alle zehn Meter oder wenn der Punkt eine Richtungsänderung zum vorherigen hat, der über die eingestellte Gradzahl hinausreicht. Die Aneinanderreihung dieser vielen Punkte ergibt den Track. Die einzelnen Punkte enthalten nur die Informationen der Koordinaten, der Zeit und der Höhe.

An markanten Stellen, z.B. Brunnen, Kreuzungen, etc. kann man Waypoints setzen. An diese Punkte können weitere Informationen gebunden werden. Man kann z.B. einen Namen vergeben, ein Symbol und sogar eine Beschreibung zuordnen.

7. Genauigkeit der Daten

Wegpunkte

Während der Reise war das GPS-Empfangsgerät ständig mit unserem Navigations-Laptop verbunden. Die Wegpunkte wurden gesetzt und auch bei der Nachbearbeitung nicht mehr verändert. Lediglich Beschreibung und Wegpunktnamen sind bearbeitet. Das heißt, alle Wegpunkte des Downloads weichen maximal um die Ungenauigkeit des GPS vom tatsächlichen Wegpunkt ab. Die Abweichung wird in den meisten Fällen nicht mehr als 3-5 Meter betragen, in seltenen Fällen bis zu 15 Meter. In der Praxis sind diese Abweichungen unbedeutend.

Tracks

Für die Genauigkeit des Tracks ist vor allem der ungestörte Satellitenempfang des GPS-Gerätes verantwortlich. Wir haben die GPS-Antenne an der Windschutzscheibe liegen. Dennoch kann es passieren, dass ein ungestörter Empfang nicht möglich ist. Ungenauigkeiten oder gar fehlende Teilstücke des Tracks können nicht ausgeschlossen werden, kommen aber sehr selten vor.

Kilometerangaben

Die Kilometerangaben in den Routenbeschreibungen sind ungenau und dienen nur der groben Orientierung, sie wurden dem Original GPS-Track entnommen. Es gibt mehrere Gründe für die Ungenauigkeiten: Hat das GPS in engen Felsschluchten keinen Empfang, zählt der Kilometerzähler nicht weiter. Fahren wir etwa für ein Foto 100 Meter zurück, ergeben sich schon 200 Meter Differenz. Auf langen Strecken können sich die Abweichungen so bis zu einigen Kilometern summieren. In der Praxis ist das jedoch nicht von Bedeutung.

8. Import der GPS-Daten

Die GPS-Daten (TR=Tracks und WP=Waypoints) unseres Tourenbuches sind im GPX-Format (kompatibel für alle GPS-Geräte) und im KML-Format (Google Earth) gespeichert.
Mit dem Download werden die Dateien in einem ZIP-Ordner auf dem Laptop gespeichert und können nach dem Entpacken genutzt werden bzw. in ein Navigationsprogramm importiert werden.

Mit nahezu allen GPS-Geräten wird eine einfache Navigationssoftware ausgeliefert (beispielsweise bei Garmin die Software BaseCamp), die den Import/Export von Dateien im GPX-Format via USB-Kabel vom Laptop zum GPS-Gerät ermöglicht. Wie der Import genau vorgenommen wird, ist je nach Navigationssoftware unterschiedlich, eine allgemeine Anleitung kann daher nicht gegeben werden. Wer hier Hilfe benötigt, wendet sich am besten an das Forum des Softwareherstellers. Dort sind diese Standartfragen schnell beantwortet.
Die KML-Daten lassen sich nach Google Earth importieren, eine Installation des Programms auf dem Laptop/PC ist dafür Voraussetzung. Nachfolgend gehen wir kurz auf den Import nach QuoVadis und aufs Tablet bzw. iPad ein.

Import nach QuoVadis (Laptop)

Nach dem Entpacken der Zip-Dateien können die Dateien nach QuoVadis importiert werden (GPX oder KML). Dazu klickt man die Funktion „Import" an, wählt die Dateien aus, die man importieren möchte, gibt im zweiten Schritt an, in welches Verzeichnis die Daten importiert werden sollen und startet den Import. QV erstellt in dem ausgewählten Verzeichnis automatisch eine „Neue Datenbank", die anschließend umbenannt werden muss, bzw. können die Tracks, Routen, Waypoints auch in eine andere Datenbank kopiert werden.

Import aufs iPad/Tablet

Um die auf dem Computer gespeicherten Daten aufs Smartphone/iPad/Tablet zu übertragen, ist ein Internetzugang Vorrausetzung.
Import über eine Cloud (z.B. Dropbox): Dateien in der eigenen Dropbox hochladen (diese muss auch auf dem Tablet installiert sein). Mit dem Tablet die Daten aus der Dropbox exportieren und über die vorgeschlagene App (QVM, MapOut, OsmAnd etc.) öffnen bzw. kopieren.
Import via E-Mail: GPX-Dateien als Anhang an den eigenen E-Mail Account senden, mit dem Tablet die angehängte Datei öffnen und eine der vorgeschlagenen Apps auswählen.
Die meisten Navi-Apps können die GPX-Dateien lesen, eine Ausnahme ist Maps.Me, hier können nur KML-Dateien importiert werden.
Der Download kann auch direkt auf das iPad/Tablet erfolgen, die GPS-Daten müssen im ersten Schritt mit einer entsprechenden App entpackt werden (z.B. PDF Expert für iOS). Über das Icon „Teilen" können die Daten in der Navi-App geöffnet bzw. importiert werden.

9. Haftungsausschluss

Die Nutzung dieses GPS-Offroad-Tourenbuches und der darin enthaltenen Informationen erfolgt ausdrücklich auf eigene Gefahr. Weder der Verlag noch die Autoren können für etwaige Unfälle oder Schäden jeglicher Art, die sich während der Reise auf den beschriebenen Strecken ergeben (z.B. aufgrund mangelhafter oder ungenügender Sicherheitshinweise), aus keinem Rechtsgrund eine Haftung übernehmen.
Die Autoren übernehmen keinerlei Gewähr für Aktualität, Korrektheit, Vollständigkeit oder Qualität der bereitgestellten Informationen.
Haftungsansprüche gegen die Autoren, welche sich auf Schäden materieller oder ideeller Art beziehen, die durch die Nutzung oder Nichtnutzung der dargebotenen Informationen verursacht wurden, sind ausgeschlossen.

TUNNEL DU PARPAILLON
GENERAL BERGE
1892
GENERAL ZEDE
1900

Ausrüstung und Sicherheit

Reifen, Winde und Zubehör

Die Pisten und Wege in den Alpen sind in der Regel Schotterwege oder führen über Felsplatten. Tiefe Furten wie in Island, sandige Passagen wie in Marokko oder endlose Schlammwege wie in Russland kommen hier nicht vor. Für eine Befahrung in den Sommermonaten ist eine Ausrüstung des Fahrzeuges mit höhergelegter Luftansaugung, Sandbleche und Seilwinde nicht erforderlich. Es ist auch keine Spezialbereifung nötig.
Fast alle hier im Buch vorgestellten Wege werden von den einheimischen Bauern auch mit „normalen" PKW befahren.

Für die Erkundung der Routen wurde uns ein Land Rover Defender TD4 zur Verfügung gestellt, der sich im Serienzustand befand und keinerlei Optimierungen hatte. Ausgeliefert wurde er mit einem Conti AT Reifen in der Größe 235/85R16. Das Fahrzeug meisterte alle Strecken souverän.

Gruppe oder allein

In einer Gruppe Gleichgesinnter zu Reisen macht Spaß und erhöht die Sicherheit. Beim Offroad-Wandern in den Alpen steht die Freude an der Natur und den abenteuerlichen Wegen im Vordergrund. Die bereisten Gebiete sind absolut sicher und die Distanzen zurück in die Zivilisation - um eventuell bei einem technischen Problem Hilfe zu organisieren - kurz. Der Sicherheit wegen ist es in den Alpen nicht nötig, in einer Gruppe zu reisen. Zudem werden die Schotterwege so häufig von Abenteurern, Bikern, Wanderern befahren, dass einfach ein Warten auf Hilfe beim defekten Fahrzeug ausreicht.

Sinnvolle Ausrüstung für eine Alpentour

Da man sich nicht sehr weit von der Zivilisation entfernt, genügt ein kleines Werkzeugset, besondere Ersatzteile müssen nicht mitgeführt werden.
An Bord gehören aber ein komplettes Ersatzrad sowie ein guter Radmutternschlüssel, Wagenheber und Unterlegbretter, um auch auf einem Schotterweg ein plattes Rad zu wechseln.
Eine stabile Schaufel kann mitgeführt werden, ist aber nicht unbedingt nötig. Bei eventuellem Steinschlag sind die Brocken auf der Piste so groß, dass man mit einer Schaufel nicht viel ausrichtet.
Am häufigsten habe ich meine Schaufel gebraucht, um die Wiese, auf der ich unser Zelt aufstellen wollte, von Schafs- und Kuhmist zu befreien.

Zur Besichtigung der alten Fort-Ruinen, Stollen und unterirdischen Gängen ist eine Taschenlampe erforderlich. Stirnlampen, für jede Person eine, sind hier besonders praktisch und gehören neben Ersatzbatterien an Bord.

Eine Nacht auf einem Berggipfel sollte man unbedingt einplanen. Absolute Ruhe, klarer Sternenhimmel und die Romantik eines abendlichen Lagerfeuers machen die Reise unvergesslich.

Feuerholz findet man oberhalb der Baumgrenze nicht, daher sollte man dies im Supermarkt, auch wenn das nicht romantisch ist, kaufen.

Eine Schlafmöglichkeit für die freie Natur, entweder Bodenzelt, Dachzelt oder im Fahrzeug, sollte vorhanden sein.

Dazu kommt die Camping-Ausrüstung, die man für ein oder zwei Nächte abseits der Zivilisation benötigt. Also Wasserkanister, kleiner Kocher, Lebensmittelvorrat, Besteck etc.

Unterwegs finden sich oft Brunnen und Quellen bei denen man seinen Wasserkanister füllen kann. Wir haben das Wasser ohne Behandlung verwendet und getrunken. Sicherheitshalber kann man es aber mit Micropur behandeln oder mit einem Handfilter reinigen.

Kleidung

Auch im Hochsommer ist es auf fast 3.000 Meter Höhe in den Morgen- und Abendstunden kalt. Warme Kleidung gehört daher ins Gepäck. Ebenso wichtig ist ein Sonnenschutz in Form von Sonnencreme für Gesicht und Arme und eine Kopfbedeckung. In den Bergen unterschätzt man die Intensität der Sonne leicht.
Wetterumstürze können schnell eintreten. Regenkleidung, zumindest eine Regenjacke mit Kapuze gehören ins Fahrzeug.

Navigation - Tipps und Tricks

Einleitung

Grundsätzlich muss beim Navigieren unterschieden werden, in welchem Terrain man sich bewegt. Befindet man sich in Dubai und möchte im Hochhauslabyrinth eine Botschaft finden oder ist man offroad in einem unendlichen Meer aus Sand und sucht eine Passage zwischen Dünen hindurch. Auf der Reise kommen beide Situationen vor.

Zudem unterscheidet sich die Navigation auf Reisen zu der im Alltag üblichen deutlich. Im Job möchte man über eine schnelle Verbindung zielsicher zu einer Adresse geführt werden. Auf der Reise ist nicht die schnellste Verbindung wichtig, sondern landschaftliche Schönheit oder andere Naturphänomene. Hier möchte man die Route selbst zusammenstellen und auf einer guten Karte auswählen. Von einem Navi leiten lässt man sich höchstens durch eine Stadt oder evtl. noch auf dem Anfahrtsweg durch Europa zur Fähre. Die Funktion des Straßenrouting ist daher nicht so wichtig wie gutes Kartenmaterial mit Topografie.

Welches GPS-Gerät

Oft werden wir gefragt, welches GPS-Gerät wir empfehlen können bzw. wie wir navigieren. Die Bandbreite von unterschiedlichen Anbietern für GPS-Geräte ist groß, ebenso die Preisspanne. Vom einfachen Handgerät für unter 100 Euro bis zum komfortablen, Rallye-erprobten Bordgerät mit sonnenablesbarem Bildschirm ist alles möglich.
Die Entscheidung welches Gerät optimal ist, hängt von individuellen Faktoren ab, wie dem Reiseziel (Europa mit dichtem Straßennetz und guter Beschilderung, Entwicklungsländer, Wüstengebiete) und der Häufigkeit von Reisen abseits der Zivilisation.

Wir haben bis vor kurzem mit Toughbook, GPS-Maus und dem Programm Quo Vadis (QV) navigiert. Auf unseren letzten Reisen haben wir verschiedene Apps für die Navigation mit dem iPad ausprobiert und gehen im Folgenden detaillierter auf dieses Thema ein.

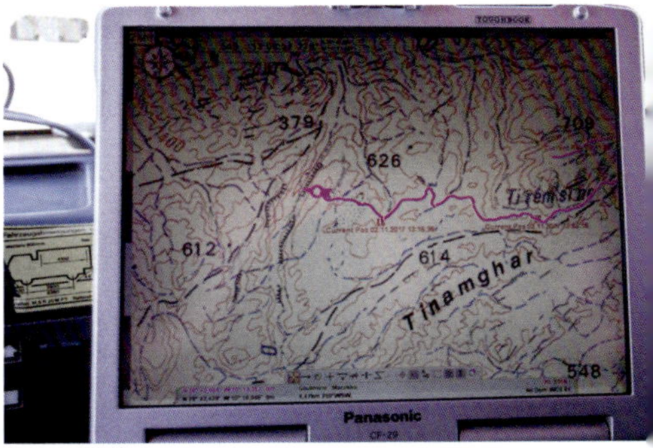

Laptop mit dem Navigationsprogramm QuoVadis und russischer Militärkarte.

OSM-Karten mit QuoVadis nutzen

Für die Navigation mit QV auf dem Toughbook oder Laptop können neben digitalisierten Straßenkarten aus dem Verlag Reise-Know auch russische Militärkarten mit guter Topografie genutzt werden (im Shop bei QV erhältlich).
Ab der Version 7.4 können kostenlose OSM-Kartenpakete heruntergeladen werden. Siehe Anleitung im Quo Vadis 7 Handbuch (https://wikiqv7.qvgps.de/)

Menüpunkt: OSM-Karten-Offline-Nutzung/integrierte Datenpakete installieren.
Es gibt auch die Möglichkeit bei GEO-Fabrik oder Planet OSM eigene OSM-Kartenpakete zu erstellen und bei QV zu importieren, siehe Menüpunkt OSM-Karten-Offline-Nutzung/Eigene Kartenpakete erstellen. Die OSM-Karten sind aktuell, sehr genau und beinhalten Supermärkte, Tankstellen und viele andere

POIs. Mit der Overlay-Funktion bei QuoVadis kann die OSM-Karte über die russische Militärkarte gelegt werden, so lässt sich beides in einer Kartenansicht kombinieren, gute Topografie und aktueller Straßenverlauf.
Damit kann zielsicher durch eine Großstadt navigiert und ebenso anhand der Geländestruktur eine Passage in der Wüste erkundet werden. Da sich die OSM Karten auf der Festplatte des Laptops befindet, ist keine Internetverbindung während der Reise nötig.

Navigation mit Tablet

Selbst für anspruchsvolle Navigation reicht heute ein Tablet mit einer Navigations-App aus.

Viele Reisende navigieren heute mit ihrem Smartphone oder Tablet. Dies hat man sowieso dabei und mit preiswerten Navi-Apps, die auf OSM (Open-Street-Map) basieren und auch offline funktionieren, findet man einfach und komfortabel jedes Ziel.
Eine stabile Halterung fürs Tablet/iPad hält auch rauem Offroadeinsatz stand und die Bedienung während der Fahrt ist problemlos möglich. Vorbei sind die Zeiten, in denen man mit teuren GPS-Geräten hantierte oder gar ein Toughbook nutzte, welches im Cockpit viel Platz wegnahm.

Welche Navigations-Apps sind gut?

Es gibt eine Fülle von verschiedenen Navi-Apps fürs Tablet (Android) und iPad (iOS). Funktionen und Bedienung der Apps sind unterschiedlich, hier muss jeder selbst herausfinden, welches Programm den eigenen Anforderungen am besten entspricht.
Um die Botschaft in der Stadt zu finden, benutzt man eine App, die eine gute Suchfunktion mit möglichst viele POIs (Point of Interest) bietet, beispielsweise Maps.Me oder OsmAnd. Die Karten der Apps sind sehr detailliert, sogar Feldwege sind genau eingezeichnet, aber es fehlt die Topographie, um Geländestrukturen zu erkennen. Ohne diese ist eine Navigation offroad, abseits der Straße kaum möglich. Eine Ausnahme macht das Programm MapOut.

Anforderungen an eine Navi-App

Offline:

Alle Anbieter werben zwar damit, auch im offline Betrieb zu funktionieren, doch hier kristallisieren sich Unterschiede heraus.

Für Reisende muss die App komfortabel offline funktionieren.

Suchfunktion:

Die Suche einer Adresse mittels Eingabe der Postleitzahl, Ort und Straße aber auch über die Eingabe von GPS-Koordinaten muss möglich sein.

Nicht alle Programme unterstützen dabei alle drei GPS-Koordinatenformate: (Grad Minute Sekunde / Grad Dezimalminute / Dezimalgrad).

Trackaufzeichnung:

Die Trackaufzeichnung sollte auch im Hintergrund funktionieren, so kann der Bildschirm ausgeschaltet oder während der Aufzeichnung auch eine andere App geöffnet werden.

Eigene Wegpunkte müssen gespeichert, benannt und verwaltet werden können.

Export und Import:

GPS-Daten (optimal im gängigen GPX-Format) sollten für den Datenaustausch exportiert werden können. Ebenso der Import von Tracks und Wegpunkten, die im Download angeboten werden. Bei den meisten Apps ist dafür ein Internetzugang Voraussetzung.

Anzeigen einer Ziellinie:

Die direkte Luftlinie mit Kilometerangabe und ein Richtungs-Pfeil vom Standort zum Ziel erleichtert das Navigieren in unübersichtlichem, schwierigem Gelände (z.B. Dünenquerungen) erheblich. Diese hilfreiche Funktion für die Offroad-Navigation haben wir bisher nur bei QV Mobile gefunden.

Statusanzeige:

Die Stärke des empfangenen GPS-Signals sollte direkt zu erkennen sein, insbesondere wenn die Trackaufzeichnung, z.B. für eine spätere Dokumentation lückenlos sein muss.

iPad oder Tablet

Die Entscheidung für iPad oder Tablet ist eher unerheblich, beides funktioniert. (Nicht alle Navi-Apps sind für beide Geräte erhältlich.) Für die komfortable Kartenansicht ist eine 9,7 Zoll Größe sinnvoll. Wichtig ist ein hochauflösendes Display, welches auch unter Sonneneinstrahlung gut lesbar ist. Viel Speicherplatz und eine hohe Akkulaufzeit sind ebenso von Bedeutung.

Die Halterung fürs Tablet am Armaturenbrett muss stabil und rüttelfest sein. Bei der Anbringung an der Windschutzscheibe ist zu beachten, dass sich das Gerät bei Überhitzung abschaltet. Andererseits sollte ein guter GPS-Empfang gewährleistet sein, das lässt sich auch über eine zusätzliche GNSS-Maus mit Anbindung über Bluetooth lösen.

Navigations-App Maps.Me und MapOut

Wir navigieren auf dem iPad mit Maps.Me und MapOut in Kombination, da wir bisher noch keine Navi-App gefunden haben, die alle Funktionen abdeckt, die wir benötigen.

Maps.Me (Android und iOS)

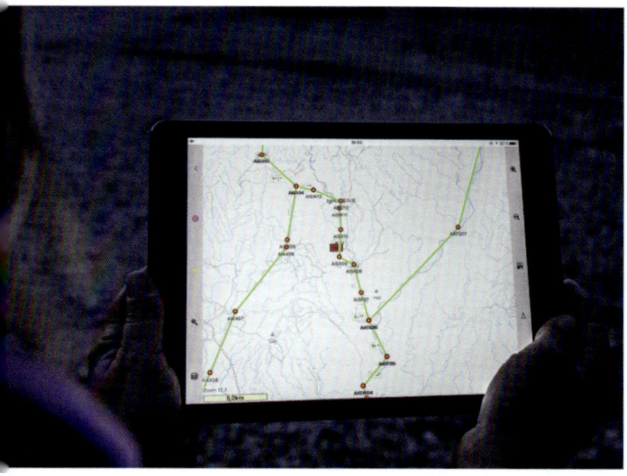

Die App Maps.Me eignet sich gut um POIs wie Geldautomaten, Tankstellen, Supermärkte etc. zu finden. Für die Offroad-Navigation ist die App jedoch nur brauchbar, solange man sich auf Wegen und Pisten befindet.

Funktionen: offline fähiges Straßenrouting mit Sprachansage, optischer Richtungsanzeige und Kartenrotation (Karte wird der Bewegungsrichtung angepasst). Wobei das Routing nur für kurze Distanzen (bis etwa 100 km) sinnvoll funktioniert. Bei langen Routen schlägt das Programm oft eine längere Strecke über kurvenreiche Landstraße, als die di-

rekte Verbindung über die Schnellstraße vor.
Ein weltweit umfangreiches Netz von POIs ist vorhanden, die Suchfunktion funktioniert offline, so lassen sich schnell Tankstellen, Geldautomaten, Geschäfte, Sehenswürdigkeiten und vieles mehr finden. Orte und Straßennamen lassen sich über die Suchfunktion eingeben, ebenso Wegpunkte mit Koordinaten im Dezimal-Format.
Wegpunkte („Lesezeichen“) können manuell gesetzt, benannt und farbig markiert werden. Zur Übersicht lassen sich Ordner anlegen und die Lesezeichen einsortieren. Die Wegpunkte können als KML-Datei exportiert werden, ebenso können auch KML-Dateien (Tracks) importiert werden, Voraussetzung ist ein Internetzugang.
Vorteile: Maps.Me funktioniert auf iOS- und Android-Geräten, sogar die vollständige Version ist kostenlos. Einzelne Karten für alle Länder der Welt können kostenlos heruntergeladen werden.
Nachteile: Aufzeichnen des Tracks während der Fahrt ist nicht möglich. Topographie mit Höhenangaben fehlt völlig.

MapOut (nur iOS)

Bei MapOut begeistert die gute Darstellung der Topografie, die andere OSM basierende Apps in der Form nicht haben. Sogar ein Höhenprofil lässt sich über eine gewählte Distanz mit einer Zwei-Finger-Touch-Funktion anzeigen.

Die Straßen sind klassifiziert, so kann man erkennen, ob es sich um eine Hauptstraße oder einen Nebenweg handelt. (Ob Asphalt oder Piste wird nicht angezeigt.)

Die Karten können „kachelweise" heruntergeladen werden und sind vollständig offline nutzbar.

Weitere Funktionen: Aufzeichnen der gefahrenen Route und Setzen von Wegpunkten. Für die genaue Routen-Planung kann man relativ schnell mit dem Finger auf der Karte eine Route nachzeichnen und speichern. Auch eine grobe Distanz über Luftlinie lässt sich so schnell herausfinden.

Dateien im GPX-Format können nach MapOut importiert und selbst aufgezeichnete Tracks im gleichen Format exportiert werden, dafür ist ein Internetzugang erforderlich.

Vorteil: Sehr gute topografische Geländedarstellung

Nachteile: MapOut gibt es nur für iOS-Geräte. Ein Straßenrouting ist nicht möglich. POIs sind auf der Karte vorhanden, können aber nicht über eine Kategorie (wie z.B. Geldautomat) gesucht werden.

Die Papierkarte

Für die grobe Reiseplanung eignen sich Papierkarten immer noch am Besten. Zudem sind sie unterwegs ein nützliches Backup, falls die moderne Technik ausfällt.

Für welche elektronische Version man sich auch entscheidet, die Papierkarte gehört immer ins Gepäck, denn was ist, wenn das Gerät herunterfällt oder aus anderen Gründen nicht funktioniert. Zudem lässt sich die grobe Planung der Reiseroute auf der groß ausgebreiteten Papierkarte viel übersichtlicher darstellen als auf dem relativ kleinen Ausschnitt des Displays. Und wenn man schon eine Papierkarte dabei hat, gehört auch ein Handkompass dazu, um die Navigation von Hand vollständig nutzen zu können. Sei es auch nur für den Notfall.

4WHEEL24
DER ERFOLG
DER REISE LIEGT
IN DEN DETAILS
MAN
13.525
www.4wheel24.de

Offroad fahren - Tipps und Tricks

Einleitung

Was ist beim Offroad-Fahren zu beachten, wie macht man es richtig? Fahren im Gelände unterscheidet sich völlig vom Fahren eines Fahrzeuges auf befestigter Straße.
„Wer Auto fahren kann, der kann auch offroad fahren." Diese Aussage hört man immer wieder, aber wer schon mal mit einem Geländewagen abseits der Asphaltstraßen unterwegs war, merkt sehr bald, dass dies nicht stimmt. Ein paar grundsätzliche Dinge und einfache Regeln sind zu beachten, die ich nachfolgend kurz erkläre und die dem Anfänger etwas mehr Sicherheit beim Fahren im Gelände geben.
Im Vordergrund steht dabei die Sicherheit für Fahrer und Fahrzeug, nicht das Tempo. Offroad fahren ist nicht Rallye fahren, die Bilder aus dem Fernseher von der Rallye Paris-Dakar oder der Camel-Trophy vergisst man am Besten gleich wieder.

Grundsätzliches

Freilaufnaben:

Sollte das Fahrzeug über einen zuschaltbaren Allradantrieb und Freilaufnaben verfügen (nicht bei Lkw), stellt man diese auf „zu“ oder „lock“.
Damit sind die Räder nicht mehr vom Antriebsstrang abgekoppelt und die Kraft wird auch wirklich auf die Räder übertragen, wenn man den Allradantrieb zuschaltet. Gelegentlich wird behauptet, geschlossene Freilaufnaben beschädigten bei schneller Fahrt über Asphaltstraßen das Getriebe. Das stimmt nicht, der einzige Sinn von Freilaufnaben ist, Treibstoff zu sparen. Die Ersparnis liegt bei etwa 0,25 Liter per 100 km. Sobald man die Asphaltstraße verlässt, schließt man sofort die Freilaufnaben. Wer dies erst tut, wenn der Wagen fest steckt, macht es falsch.

Kupplung:

Die Kupplung ist eines der gefährlichsten „Werkzeuge“ beim Fahren im Gelände. Anfänger sollten sie nur zum Anfahren benutzen und zum Gangwechsel auf sicherem Gelände. Die Kupplung im falschen Moment getreten, kann einen in ungeahnt schwierige Situationen bringen, die ein Anfänger nicht mehr gemanagt kriegt. Dies gilt besonders für Fahren am Hang (siehe unter Steigung). Im Zweifel lieber den Motor absterben lassen, als im falschen Moment die Kupplung treten. Man wird es nicht glauben, aber durch das Treten der Kupplung entstehen die meisten Offroad-Unfälle.

Lenkrad:

Im Gelände hält man das Lenkrad nicht krampfhaft fest, sondern so, dass sich das Lenkrad etwas drehen kann, wenn das Rad z.B. gegen einen Stein läuft. Aber fest genug, um die Richtung korrigieren zu können.

Aussteigen:

Schwierige Passagen erkundet man vorher zu Fuß. Vor allem Flussdurchfahrten sollten vorher abgegangen werden. Gegebenenfalls räumt man Steine oder andere Hindernisse beiseite.

Allrad und Differentialsperren

Zuschaltbarer Allrad:

Wann schaltet man den Allrad dazu? Im Zweifel lieber zu früh als zu spät. Man schaltet den Allrad dazu, bevor man in Schwierigkeiten kommt. Merkt man, dass der Wagen stecken bleibt, ist es dazu meist zu spät. Allradantrieb ist eine Sicherheit, vergleichbar mit einem Sicherheitsgurt, den man auch vorher anlegt und nicht erst, wenn man den Crash auf sich zukommen sieht.

Das Schaltfeld der elektrisch-pneumatisch gesteuerten Sperren und der Untersetzung im Steyr 12M18

Permanenter Allrad:

Man sperrt das Zentral- oder Mittendifferential, sobald auch nur ansatzweise die Gefahr besteht, dass eines der Räder die Bodenhaftung verlieren könnte. Also auch bei schneller Fahrt über Wellblechpisten. Auf jeden Fall sperrt man das Zentraldifferential, wenn man sich im Gelände bewegt, welches die Untersetzung erfordert.

Hinterachsdifferentialsperre:

Die Hinterachssperre sollte nur in Ausnahmefällen betätigt werden. Die meisten Geländesituationen erfordern keine Hinterachssperre. Allrad und gesperrtes Zentral- oder Mittendifferential reichen meist völlig aus. Ist man der Meinung, doch die Hinterachssperre zu brauchen, lässt man das Fahrzeug mit etwa 1-2 km/h im Leerlauf rollen und gibt erst dann Gas, wenn die Kontrollleuchte anzeigt, dass die Sperre auch wirklich eingerastet ist. Man sperrt die Achse nur so lange, wie es unbedingt nötig ist. Die Sperre entriegelt man am Besten im Stand oder mit ganz geringer Geschwindigkeit im Leerlauf. Weder beim Zuschalten der Sperre noch beim Entriegeln darf eine Kraft über den Antriebsstrang geleitet werden.

Warnung: Ein gesperrtes Hinterachsdifferential kann auf festem Untergrund wie Asphalt oder Beton beschädigt oder gar zerstört werden.

Verteilergetriebe:

Das Verteilergetriebe (auch Reduktions- oder Untersetzungsgetriebe genannt) ist das Bauteil, welches ein Fahrzeug erst offroad tauglich macht. Man kann zwischen Straßenbetrieb (High-Ratio) und Geländebetrieb (Low-Ratio) wählen. Beispielsweise ist beim Magirus das Verhältnis zwischen Straßen- und Geländegang etwa 1:1,8. Das heißt im Geländegang wird die Geschwindigkeit auf etwa die Hälfte reduziert. Dafür steht aber fast das doppelte Drehmoment an den Rädern zur Verfügung.
Mit wenigen Ausnahmen (z.B. Unimog, Mercedes G) muss das Untersetzungsgetriebe im Stand bzw. bei 1-2 km/h im Leerlauf geschaltet werden. Noch mal zur Klarstellung: Es ist kein Geländegang oder Kriechgang den man einlegt, sondern ein anderes Übersetzungsverhältnis. Die sechs Gänge beim Magirus stehen also auch in der Untersetzung zur Verfügung, eben alle nur mit der halben Geschwindigkeit.
Man hat also statt sechs, zwölf Vorwärtsgänge und zwei Rückwärtsgänge.

Wann verwendet man den Straßengang bzw. die Geländeuntersetzung?

Zuschaltbarer Allradantrieb:

2WD (Two-wheel-drive) – Straßengang: für Asphaltstraßen
4WD (Four-wheel-drive) – Straßengang: für gute Schotterstraßen, Pisten, etc.
4WD – Untersetzung: für schwierige, langsam zu befahrende Passagen

Permanenter Allradantrieb:

Straßengang: für Fahren auf Straßen
Straßengang – gesperrtes Mittendifferential: für Pisten, Schotterstraßen und leichtes Offroad Fahren
Untersetzung – gesperrtes Mittendifferential: für schwieriges Offroad Fahren

Reifendruck

Der Reifendruck ist ganz entscheidend für die Performance eines Fahrzeuges im Gelände. Reduzierter Reifendruck bewirkt im Gelände mehr als man meint. Besonders Anfänger glauben es nicht und scheuen sich, die Luft aus den Reifen zu lassen. Ohne Scherz, man kann in extremen Situationen den Luftdruck auf bis zu 0,8 bar reduzieren.

Ein reduzierter Reifendruck erhöht die Fähigkeiten eines Geländewagens enorm.

Als Anhaltswert kann man den Reifendruck im Gelände (Sand, Schnee, Matsch, Wiese, Geröll etc. ausgenommen extrem scharfkantige Steine z.B. Vulkangestein) generell um 15 bis 20% reduzieren. Bei scharfkantigem Fels oder Steinen würde ich den Luftdruck auf „Normal" lassen.

Im weichen Sand, wo die Geschwindigkeit nicht über 50 km/h hinausgeht, kann man den Luftdruck ruhig halbieren. Wird es noch schwieriger, reduziert man den Luftdruck um 75% und fährt nicht schneller als 30 km/h. Im Extremfall geht man runter auf 0,8 bar. Dann fährt man äußerst vorsichtig und erhöht den Luftdruck, sobald man diese extrem schwierige Strecke überwunden hat.

Übersicht Reifendruck:

Asphaltstraße	100%
Pisten, Wellblech	- 15%
Felsen	- 15%
Schlamm	- 25%
Sand	- 50%

Verschiedene Geländesituationen

Steigung/Gefälle

Generell ist bei Steigungen und Gefällstrecken darauf zu achten, dass der Tank gefüllt ist, damit der Motor keine Luft zieht.
Ist die Hangneigung steiler als 25 Grad, folgt man der Falllinie. Auf keinen Fall sollte man versuchen, am Hang, der steiler als 25 Grad ist, zu drehen oder gar seitlich an ihm entlang zu fahren, ein Überschlag kann die Folge sein. Die wichtigste Regel, egal ob runter oder rauf: Tritt niemals die Kupplung.

Gefällstrecke

Der Trick ist einfach, nutze die Motorbremswirkung. Diese bremst alle vier Räder gleichmäßig ab. Die Fußbremse birgt die Gefahr, dass ein Rad oder die Räder einer Achse blockieren und das Fahrzeug ins Rutschen kommt.
Schalte den Allradantrieb zu (4WD) und sperre alle Differentiale, die du hast. Falls vorhanden, stehen die Freilaufnaben auf „Lock". Wähle die Geländeuntersetzung und den 1. Gang. Fahre ohne Gas zu geben an und sobald die Kupplung gelöst ist, stellst du deine Füße auf den Boden. Kein Pedal wird gedrückt. Der Motor bremst das Fahrzeug. Beim Lkw betätige die Motorbremse.
Achte auf die Motordrehzahl und bremse gegebenenfalls mit der Fußbremse. In der Regel wird dies nicht nötig sein. Der Motor übernimmt die komplette Bremswirkung. Solltest du dennoch mit der Fußbremse bremsen müssen, mache es sehr vorsichtig und in kurzen Intervallen.

*Extreme Gefällstrecke:
Untersetzung
1. Gang
alle Sperren*

Noch mal: Jetzt die Kupplung zu treten, wäre Wahnsinn, das Fahrzeug würde außer Kontrolle geraten. Sollte das Fahrzeug im Schlamm rutschen und sich quer stellen wollen, lenke es in die Falllinie. Im Schlamm oder auf rutschigem Untergrund ist das Betätigen der Bremse hochgefährlich.

Steigung

Hier kommt es darauf an, ob man Power braucht oder die Kontrolle über das Fahrzeug. Ist der Untergrund rutschig oder sind lange Sanddünen zu bezwingen, braucht man Kraft und Geschwindigkeit. Ist die Auffahrt steinig und von Querrinnen durchzogen, braucht man volle Kontrolle übers Fahrzeug. Geschwindigkeit wäre genau das Falsche, denn die Räder könnten bei den Rinnen den Bodenkontakt verlieren und durchdrehen.

Versuche eine Spur zu finden, bei der das Fahrzeug wenig verschränkt.
Die Räder sollten immer Bodenkontakt behalten.

Schalte den Allradantrieb zu (4WD) und sperre das Zentraldifferential.

Die Freilaufnaben stehen auf „Lock".

Wähle einen Gang, der genug Kraft gibt, die Steigung ohne nochmaliges Schalten zu schaffen. Geländeuntersetzung und der 2. oder 3. Gang sind in 80% der Fälle richtig. Fahre die Steigung mit mittlerer Motordrehzahl an und gib Gas, wenn die Vorderräder die Steigung erreicht haben.

Dreht eines der Räder durch, nehme kurz das Gas leicht zurück und gib vorsichtig Gas, sobald das Rad wieder Haftung hat. Sollte das Fahrzeug an Geschwindigkeit verlieren und der Motor in einen Drehzahlbereich rutschen, der unterhalb seines maximalen Drehmoments liegt, schalte einen Gang runter. Dies muss jedoch schnell gehen.

Sollte dies nicht gelingen, lass den Motor absterben, auf keinen Fall die Kupplung treten. Tritt die Fußbremse fest – richtig fest – durch. Danach langsam und vorsichtig die Kupplung treten, lege den Rückwärtsgang ein und löse die Kupplung. Fuß von der Bremse und ganz kurz den Anlasser betätigen. Das Fahrzeug setzt sich nun rückwärts den Hang hinunter in Bewegung. Versuche ein zweites Mal mit etwas mehr Geschwindigkeit den Hang hinauf zu kommen.

Fahren im Schlamm

Das Fahren im Schlamm sieht auf Bildern immer spektakulär aus, nicht ohne Grund. Hohe Bodenfreiheit ist wichtig. Trittbretter sind hinderlich. In den meisten Fällen ist es ratsam, den Luftdruck um 15-20% zu reduzieren.

Das tückische am Schlamm sind oft versteckte Felsen und Löcher, daher sollte man nicht zu schnell unterwegs sein. Lehmiger Schlamm schmiert schnell das Profil zu und man steckt fest. Das gefährlichste ist bodenloser Morast, indem der Wagen bis zum Bodenblech einsinkt und kaum noch zu bergen ist. „Kann mir nicht passieren, ich habe doch einen Unimog.“ Von wegen, der sinkt eben nur 80 cm tiefer als ein Land Cruiser.

Reduzierter Luftdruck erleichtert das Fahren im Schlamm. Gefühlvoller Umgang mit dem Gaspedal ist entscheidend. Räder die durchdrehen übertragen weniger Kraft, versuche daher immer an der Haftungsgrenze zu fahren. Vermeide starke Lenkeinschläge und Verschränkungen.

Auch wenn es unangenehm ist, es hilft nur eines: Aussteigen und vorher mal zu Fuß die Schlammpassage erkunden.

Schalte den Allradantrieb zu (4WD) und sperre – außer das Differential in der Vorderachse – alle Differentiale, die Freilaufnaben stehen auf „Lock“.

Wähle die Geländeuntersetzung und den 3. Gang. Anfänger fahren am Besten mit mittlerer Drehzahl (Drehmoment Maximum) gleichmäßig durch den Schlamm, möglichst ohne Lenkbewegung.

Gehe nicht vom Gas, wenn der Wagen Traktion hat und beschleunigt und gib kein Gas wenn die Räder durchdrehen. Wer sein Fahrzeug beherrscht und ein gutes Gefühl fürs Gaspedal hat, versucht mit möglichst gleichmäßiger Geschwindigkeit durch den Schlamm zu fahren. Das heißt, bei durchdrehenden Rädern etwas vom Gas gehen bis die Reifen wieder Grip haben. Der Balanceakt zwischen Gas geben bei Traktion der Räder und Gas wegnehmen bei

durchdrehenden Rädern ist nicht ganz einfach.
Sind im Schlamm Spurrillen vorhanden, kann man versuchen, mit dem Reifen am Rand einer solchen Spurrille entlang zu fahren und so zusätzlichen Grip durch die Seitenwand des Reifens zu bekommen. Fahrzeuge mit geringer Bodenfreiheit sollten Spurrillen meiden. Meist sind sie ausgefahren und vom Wasser tief ausgewaschen. Das Ergebnis ist, dass der Wagen mit dem Bodenblech zwischen den Spurrillen aufsetzt.

Fahren im Sand

Schalte den Allradantrieb zu (4WD) und sperre das Zentraldifferential.
Die Freilaufnaben stehen auf „Lock“. Reduziere den Reifenluftdruck um 40-50%. Nutze die Morgenstunden, der Sand ist kühler, der Motor überhitzt nicht so schnell und durch den Morgentau, auch wenn er nicht wahrnehmbar ist, trägt der Sand besser. Zudem kann man anhand der Schatten die Dünen besser einschätzen. Um die Mittagszeit ist das Fahren in Dünengebieten viel schwieriger und anstrengender.

Bei Fahrten im Sand ist ein reduzierter Reifendruck ganz entscheidend. Zudem sollte das Fahrzeug leicht und die Achslasten relativ gleich sein. Ebenso erleichtert Motorleistung (Drehmoment) das Fahren.

Vor schwierigen Weichsandfeldern wähle einen Gang, der genügend Drehmoment bei möglichst hoher Geschwindigkeit zur Verfügung stellt. Im weichen Sand zu schalten, ist fast unmöglich. Sobald man die Kupplung tritt, steht der

Wagen still, als hätte man die Bremse voll durchgetreten. Meistens ist die Geländeuntersetzung und der 3. Gang die richtige Wahl.
Willst du anhalten, wähle ein Platz mit festem Untergrund und lasse den Wagen ausrollen. Tritt nicht die Bremse, denn durch die Gewichtsverlagerung auf die Vorderachse beim Bremsen entsteht ein kleiner Sandwall vor den Vorderrädern und das Anfahren wird unnötig schwierig. Beim Anfahren kann es hilfreich sein, vorher in der eigenen Spur ein, zwei Meter zurück zu setzen. Oder wähle eine Stelle, die leicht bergab liegt.
Wenn du stecken bleibst, versuche in der eigenen Spur zurück zu fahren. Sollte dies nicht gelingen, berge das Fahrzeug mit Schaufel und Sandblechen. Ein weiteres Wühlen lässt den Wagen oft nur tiefer im Sand verschwinden und bereitet anschließend deutlich mehr Mühe.

Dünenfahrten erfordern Mut vom Fahrer. Die größte Gefahr ist das Umkippen des Fahrzeuges. Daher Dünen IMMER in der Falllinie auf- und abfahren.

Sanddünen

Wenn du über Sanddünen fährst, erkundige dich vorher, wie es hinter dem Dünenkamm aussieht. Dünentrichter, andere Fahrzeuge oder gar Menschen wären fatal. Fahre Dünen hinunter so langsam wie möglich und so schnell wie nötig, d.h. fährt man Dünen auf der weichen (der Wind abgewandten) Seite hinunter, kann es passieren, dass der Sand schneller den Hang hinunter rieselt, als man fährt. Falls das der Fall sein sollte, wird sich das Fahrzeug seitlich drehen und umkippen. Hier hilft nur Gas geben und das Fahrzeug beschleunigen. Dazu muss aber ein Gang eingelegt sein, der eine Beschleunigung zulässt. Untersetzung 3. Gang wird häufig passen.
Die Düne etwas zu schnell hinunter fahren, ist meist sicherer als zu langsam. Fahre niemals in einer Düne seitlich am Hang entlang. Die unteren Räder haben ein höheres Gewicht zu tragen und graben sich schneller ein, bzw. der Sand rutscht schneller weg. Dadurch kann das Fahrzeug umkippen. Sollte diese Gefahr bestehen, sofort in die Falllinie lenken und Gas geben. Lieber im Dünentrichter stehen als liegen.

Fahren auf Sandpisten

Viele Sandpisten sind so verdichtet, dass sich durch den Schlupf der Räder ein so genanntes Wellblech gebildet hat. Diese kleinen festen Sandwälle können unterschiedlich hoch und unterschiedlich weit auseinander liegen. Gemeinsam haben sie, dass sie äußerst unangenehm zu befahren sind. Das Auto vibriert, Schrauben lockern sich und die Insassen sind genervt. Reduziere den Reifendruck um 15%, so schlucken die Reifen einiges weg.

"Wellblech" nervt, etwas gemildert wird die Vibration durch Luft ablassen.

Es gibt zwei Möglichkeiten diese meist langen Wellblechpisten zu befahren. Entweder man steigert das Tempo bis das Fahrzeug nur noch von Wellengipfel zu Wellengipfel fliegt. Die Geschwindigkeit liegt dann bei bis zu 70 km/h. Die Gefahr bei dieser Methode ist der geringe Bodenkontakt, Bremswege werden deutlich länger und in Kurven schießt der Wagen geradeaus weiter. Auf Pisten kommen gelegentlich tiefe, vom Wasser ausgewaschene, Querrinnen vor. Hier passiert es immer wieder, dass der Bremsweg bei hohem Tempo nicht ausreicht und das Fahrzeug Schaden nimmt. Die sicherere aber nervigere Methode ist, auf Wellblechpisten mit geringer Geschwindigkeit zu fahren und jede Welle „abzureiten".

Im weichen Sand bilden sich teils Spurrillen, in denen das Fahrzeug wie auf Schienen fährt. Man könnte das Lenkrad loslassen, sollte dies aber auf keinen Fall tun, denn wenn eines der Vorderräder auf ein Hindernis stößt oder sich im weichen Sand am Rand der Spur eingräbt, wird das Lenkrad rum gerissen und im ungünstigsten Fall liegt das Fahrzeug schneller auf der Seite als man es sich vorstellen kann. Die richtige Fahrtechnik ist, die Vorderräder genau in der Mitte der Spur zu halten, ohne dass sie den weichen Sand am Rand berühren. Das mindert das Überschlagrisiko und spart Treibstoff.

Bei Gegenverkehr reduziere die Geschwindigkeit deutlich, lenke mit einem kurzen Impuls in die Richtung, in der du die Spur verlassen willst und lenke sofort wieder in die Geradeausstellung zurück. Der kurze Lenkimpuls reicht oft aus, um die Spur zu verlassen. Falls nicht, versuche es rückwärts.

Fahren durch Flüsse

Flussdurchquerungen sollte man meiden, wo es nur geht. Der Preis ist hoch, wenn Wasser in Getriebe oder Antriebswellen eindringt, weil die Dichtungen doch nicht ganz dicht sind. Von der Gefahr, dass der Motor Wasser zieht und zerstört wird, mal ganz abgesehen. Wie tief man mit dem Fahrzeug ins Wasser eindringen kann, steht in der Betriebsanleitung. Auch wenn man sein Fahrzeug mit einer erhöhten Luftansaugung ausgerüstet hat, ist das noch keine Garantie, dass der Wagen nun auch tiefer ins Wasser kann. Wasser kann auch durch Getriebe- Achs- und Tankentlüftungen eindringen. Selbst wenn man auch diese Entlüftungen nach oben verlegt hat, ist bei modernen Fahrzeugen meist die elektronische Steuereinheit der Schwachpunkt und diese sollte ebenfalls nicht unter Wasser getaucht werden.

Für tiefe Wasserdurchfahrten muss das Fahrzeug vorbereitet sein. In der Bedienungsanleitung ist die unkritische Wassertiefe im Serienzustand angegeben.

Bis zu knietiefem Wasser dürfte es keine Probleme mit der Fahrzeugtechnik geben. In tieferem Wasser sollte man den Keilriemen des Lüfters abnehmen, damit der Lüfter nicht beschädigt wird. Bei Visco-Lüftern kann man sich diese Arbeit sparen.

Grundsätzlich durchfährt man Wasser sehr langsam. Das Wasser, welches man als Bugwelle vor sich her schiebt, kostet Kraft und genau diese aufzubringende Kraft verursacht häufig ein Steckenbleiben im schlammigen Untergrund. Also, langsam und gleichmäßig. Bevor man eintaucht, geht man die Durchquerung zu Fuß ab. Untiefen lassen sich so leicht erkennen und man weiß, wie tief und schlammig der Untergrund ist. Fließendes Wasser verursacht mehr Turbulenzen als stehendes Wasser. Löcher und Unebenheiten auf dem Grund können die Folge sein.

Langsam und gleichmäßig durch. Trübes Wasser sollte man auf jeden Fall vorher zu Fuß erkunden. Untiefen, Baumstämme, Steinbrocken, Schlammpassagen lassen sich so entdecken.

Bei stehendem Gewässer ist der Untergrund oft schlammig. Fließendes Gewässer ist bei starker Strömung gefährlich, das Fahrzeug driftet deutlich vom vorgesehenen Kurs ab. Man wählt nach Möglichkeit einen Kurs, der leicht diagonal mit der Strömung verläuft. Aber Vorsicht, das Wasser schiebt und die Bremsen wirken unter Wasser nur begrenzt. Ebenso gefährlich sind die ersten Meter nach der Durchquerung, besonders Trommelbremsen werden kaum Bremswirkung zeigen.
Schalte den Allradantrieb zu (4WD) und sperre das Zentraldifferential. Die Freilaufnaben stehen auf „Lock". Reduziere den Reifenluftdruck um 20%.

Wähle die Untersetzung und den 2. Gang. Tauche langsam ins Wasser ein, ohne eine Bugwelle zu erzeugen. Fahre gleichmäßig mit mittlerer Motordrehzahl durch.

Ist das andere Ufer erreicht, bedenke die mangelnde Bremswirkung. Nicht auskuppeln, sondern einfach den Fuß vom Gas nehmen und den Motor ausschalten. Der Motor wird abgewürgt und hält den Wagen.

Besteht die Gefahr, dass Wasser in Achsen und Getriebe eingedrungen ist, lass den Wagen eine halbe Stunde stehen und öffne dann die Ölablassschraube. Ist Wasser eingedrungen, wird es sich unten sammeln und zuerst auslaufen. Sobald Öl kommt schließe die Verschlussschraube. Vorsicht vor Umweltschäden!!!

Schmiere das Fahrzeug so bald wie möglich nach einer Wasserdurchfahrt ab.

Hinweis zum Offroad-Fahren in den Alpen

„Ihr müsst unbedingt in eurem Offroad-Tourenbuch darauf hinweisen, dass man auf den Wegen bleibt, Rücksicht auf die Natur nimmt und keinen Müll hinterlässt.“
Offroad-Fahrer sind ganz normale Menschen, die durchaus soziale Kompetenz haben und wissen, wie sensibel das ökologische Gleichgewicht in einem Naturraum wie den Alpen ist. Daher müssen Geländewagenfahrer nicht extra belehrt oder ermahnt werden.
Natürlich gibt es in jeder Gruppe Ausnahmen, aber es ist nach unserer Erfahrung eine kleine Minderheit, die auch nicht mit Erklärungen und Appellen an den Verstand erreichbar ist.

Offroad Fahren macht Spaß und erst recht auf alten abenteuerlichen Kamm- und Gipfelsträßchen im Hochgebirge mit einzigartigen Ausblicken auf das Alpenpanorama.
Im dicht besiedelten Mitteleuropa ist man mit seinem Allradler natürlich nicht allein unterwegs und trifft nicht nur Offroad-Begeisterte, sondern auch Mountainbiker, Wanderer, Spaziergänger, Familien mit Kleinkindern, Almbauern etc. Es gibt Regionen, die leben von Touristeneinnahmen, von den Hotelbuchungen der Wanderer und Urlauber. Die Hotelmanager mögen es gar nicht, wenn sich ihre Kundschaft abends darüber beschwert, dass sie auf „ihren“ Wanderwegen mehrmals eingestaubt wurde. Die Folge ist klar: Ein Verbotsschild für Fahrzeuge muss her. Ist das Verbotsschild montiert und der Fuß in Beton gegossen, kommt es nicht wieder weg.

Es bleibt nur eins: Absolute Rücksichtnahme auf den noch offenen, zu befahrenden Strecken. Freiwillig Tempo 30, Fuß vom Gas und maximal Schritttempo bei Fußgängern und Radfahrern, keinen Staub aufwirbeln, genügend Abstand halten. An Wochenenden sind besonders viele Familien und Spaziergänger auf den Wegen unterwegs. Wer es einrichten kann, sollte am Wochenende von einer Befahrung absehen. Während der Woche hat man die Schotterwege fast für sich allein.

Die Empfindlichkeiten der Menschen machen zwar den größeren Ärger, sind aber das kleinere Problem. Pflanzen und Tiere leben in einem ökologischen Gleichgewicht, deren Waagschale sich leicht durch einen zwei Tonnen schweren Geländewagen und auch durch ein 200 Kilogramm schweres Motorrad aus dem Gleichgewicht bringen lässt. Viele der Pflanzen stehen unter Naturschutz aber dennoch direkt am Wegesrand. Nichtbotanikern fällt der Unterschied zwischen einer Viehweide und einer einzigartigen, schützenswerten Hochtalmatte oft gar nicht auf. Wer sich im Unklaren ist, ob Schaden angerichtet wird oder nicht, bleibt auf den Wegen. Selbst wenn ein Botaniker wüsste, dass er keinen Schaden verursacht, reicht es aus, dass andere Nichtbotaniker (Wanderer, Spaziergänger) glauben, es würde Schaden angerichtet. Und schon wieder lässt der Bürgermeister ein Verbotsschild aufstellen.

Daher ist es wichtig, grundsätzlich auf den Wegen zu bleiben. So wird nicht nur die Natur geschützt, sondern auch dafür gesorgt, dass Offroad Begeisterte weiterhin auf den Schotterstraßen in den Westalpen unterwegs sein können.

Zum Müll muss ich nun wirklich nichts schreiben.

Freies Campen / Übernachten

Grundsätzlich stellt es kein Problem dar, an der ein oder anderen Route am Wegesrand sein Zelt aufzubauen bzw. im Auto zu übernachten. Oft bieten sich die ebenen Plätze an den Forts oder Kasernenanlagen dafür an. An den vielen Picknickplätzen in den Tälern ist Campen meistens verboten. Es gibt einige ausgewiesene Campingplätze in den Regionen, oft können auch kleine Holzhütten oder sogenannte Mobile Homes gemietet werden. Im Susatal ist der Campingplatz Gran Bosco, auf halber Strecke zwischen Salbertrand und Oulx gelegen, angesagter Treffpunkt für Offroad Fans.

Historie - Militärstraßen und Forts

Warum gibt es in den Alpen alte Militärstraßen, die mit solch einem enormen Aufwand in den Fels gemeißelt wurden?

Dazu ein kurzer geschichtlicher Rückblick:
Grenzen wurden schon immer gesichert, man denke nur an den Limes der Römer oder die Chinesische Mauer. Das Kaiser- und Königreich (k.u.k.) Österreich-Ungarn umfasste in der Zeit vor 1914 weite Gebiete auf dem Balkan wie Dalmatien und Bosnien. Aber auch Südtirol gehörte damals zu Österreich-Ungarn.

In der Zeit um 1900 bis 1910 wurde die Grenze in Südtirol und Trient gegen Italien befestigt. Das heißt, es wurden Panzerwerke, Kasernen, Schützengräben etc. angelegt. Man war zu dieser Zeit zwar mit Italien und dem Deutschen Reich verbündet, glaubte aber nicht so recht an die Bündnistreue der Italiener, zumal sie immer wieder Gebietsansprüche stellten. Im Gegenzug befestigten auch die Italiener ihre Grenze zu Österreich.

Die Strategie war die: Wer die Höhen kontrolliert, kontrolliert auch die Täler. Daher wurden die Panzer- und Bunkeranlagen (italienisch „Forts", österreichisch „Werke" genannt) auf den Höhen und Gipfeln angelegt. Um Baumaterial und Waffen und später dann die Versorgung der Mannschaften zu sichern, wurden Straßen angelegt, die zu den Kriegsbauwerken führten.
Der Bedarf an Baumaterial war enorm, so wog allein ein damaliger Dieselmotor der Firma MAN, der 34 PS leistete und zur Stromerzeugung eingesetzt wurde, 9 Tonnen.
Die österreichische 38 cm Haubitze M.16 wog knapp 82 Tonnen, wurde in vier Teilen zerlegt (je knapp 20 t) und nach oben transportiert.
Die damaligen Allrad-Zugfahrzeuge der Firma Skoda-Daimler, die solche Lasten transportieren konnten, leisteten mit ihren 6 Zylinder-Motoren 100 PS. Um mit 100 PS eine Ladung von 20 Tonnen auf eine Höhe von bis zu 3.000 Metern bewegen zu können, war es erforderlich, die Militärstraßen mit einer ausgewogenen Steigung von nicht mehr als 15% anzulegen. Wegen der hohen Tonnagen wurde der Unterbau entsprechend solide ausgeführt und so sind viele der Wege auch heute noch in einem befahrbaren Zustand.

Haubitze M.16
Geschossreichweite: 15 km

Nun konnte man die Straßen nicht dort bauen, wo die Geländegegebenheiten günstig gewesen wären, sondern so, dass die Nachschubwege im Kriegsfall nicht durch feindlichen Beschuss gefährdet oder zerstört werden konnten. Oft blieb nichts anderes übrig, als die Wege in die senkrechte Felswand zu sprengen oder sie durch Tunnel zu führen.

1914 brach der 1. Weltkrieg aus. Italien blieb trotz seiner Bündnisverpflichtung gegenüber Österreich-Ungarn und dem deutschen Reich neutral. 1915 kündigte Italien das Bündnis auf, wechselte auf die Seite Frankreichs und Russlands und erklärte Österreich-Ungarn und dem Deutschen Reich den Krieg.
Den Kriegserklärungen waren geheime Verhandlungen mit Frankreich, Russland und England vorausgegangen, welche Italien die Gebiete Südtirol, Trient, Triest und Dalmatien in Aussicht stellten.
Bei den Friedensverhandlungen am Ende des 1. Weltkriegs fiel Südtirol an Italien. Somit liegen heute die Kriegsschauplätze, die alten Militärsträßchen,

die Bunker- und Panzeranlagen sowohl der Italiener als auch der Österreicher alle auf italienischem Gebiet.

Die Festungsanlagen (Forts)

Obwohl jede Befestigungsanlage individuell nach den topografischen Gegebenheiten und dem kriegsstrategischen Zweck entsprechend geplant und ausgeführt wurde, lassen sich doch einige Gemeinsamkeiten erkennen. Der hier beschriebene Aufbau ist keine wissenschaftliche Abhandlung, sie soll nur dem Besucher alter militärischer Anlagen in den Alpen in die Lage versetzen, Dinge wieder zu erkennen und die Funktion zu verstehen. Vom Prinzip sind die Festungen der Österreicher und Italiener ähnlich. Hier jedoch der Aufbau eines österreichischen Festungswerkes und im Anschluss die Unterschiede der Italienischen.

Die traditionelle Aufgabe der Hochgebirgsforts war, topografische Engstellen wie Flusstäler oder Gebirgspässe zu sichern. Die maximale Schussreichweite der Kanonen betrug zirka neun Kilometer. Die Anlagen wurden in einem Abstand von ein bis drei Kilometer zur Grenze errichtet, umso die gegnerischen Truppen schon beim Aufmarsch im Tal beschießen zu können.
Nachteilig bei dieser dichten Grenzbefestigung war, dass der Gegner schon zu Friedenszeiten Gegenstellungen errichten konnte.
Die Forts waren im 1. Weltkrieg erstmals nicht auf sich alleine gestellt, sondern standen untereinander in Kontakt und waren in einem solchen Abstand gebaut, dass sich eine Verteidigungslinie ergab. In den Jahren 1904 bis 1915 wurden alleine in Italien 50 neue Panzerwerke errichtet.
Bevor mit dem Bau begonnen werden konnte musste die notwendige Infrastruktur wie Wasserleitungen mit Pumpwerken, Straßen oder Lastenseilbahnen geschaffen werden. Auf den Baustellen eines jeden Forts waren etwa 600 Arbeiter 3-4 Jahre beschäftigt.

Bei allen neuen Forts war erstmals die Trennung von Kampfanlagen und Mannschaftsunterkünften vorgegeben. Vor dem 1. Weltkrieg bestanden die Forts aus einem einzigen Block, der Kampfanlagen und Mannschaftsunterkünfte vereinte. Durch die räumliche Trennung erhoffte man sich eine geringere Trefferwahrscheinlichkeit.

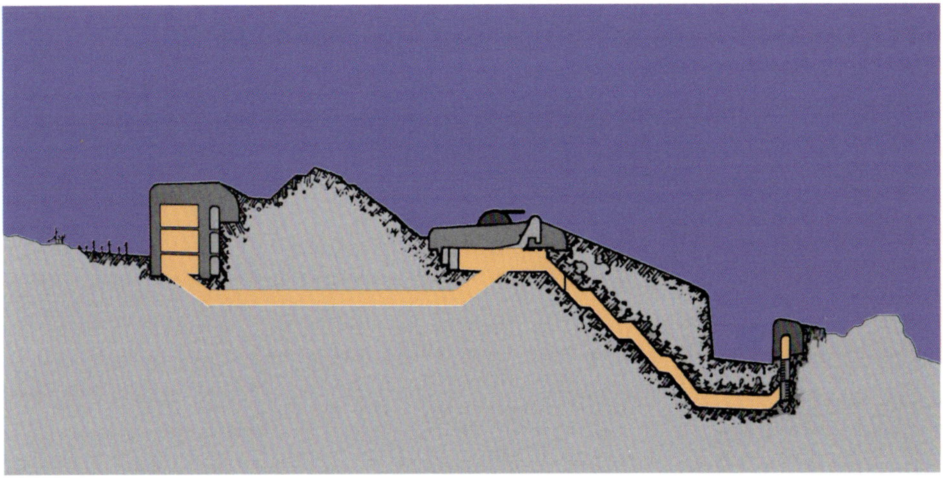

Die **Mannschaftsunterkünfte** (Kasemattenblock) lehnten sich zur Front hin an gewachsenen Fels und waren mit den **Kampfanlagen** (Batterieblock) durch **unterirdische Gänge** verbunden.
Einige hundert Meter hinter den Festungen lagen in geschützten Positionen weitere Mannschaftsunterkünfte (Kasernen).
Die Forts waren in der Regel mit einem acht Meter tiefen **Frontgraben** umgeben und nur über eine Zugbrücke zugänglich. Der Frontgraben konnte aus kleinen sicheren **Kampfräumen** mit Maschinengewehren beschossen werden. Das ganze Fort war mit mehreren bis zu 15 Meter hohen Stacheldrahtzäunen umgeben. Teilweise wurden zur Front hin auch **Minenfelder** angelegt.

Die Decken der Festungsanlagen bestanden aus 2,50 Meter dickem Stampfbeton, der auf einer Unterkonstruktion aus Doppel T-Trägern mit einer Höhe von 40 cm ruhte. Die T-Träger lagen in einem Abstand von etwa 35 cm. Die Decken wurden gegen das Eindringen von Regen und Schmelzwasser entweder geteert oder mit Zinkblechen geschützt.
Die Rückwände der Forts waren 1,5 Meter dick, während die Frontmauern eine Dicke bis zu 3,5 Metern haben konnten. Etwa alle zehn Meter wurden 1,2 Meter dicke Innenwände eingezogen, die ähnlich wie die Schotten in einem Schiff, die Explosionswirkung räumlich begrenzen sollten.

Die Mannschaftsunterkünfte (Kasemattenblock)

Im Kasemattenblock, meist etwa 60-80 Meter lang, 15 Meter breit und 2-3 Stockwerke hoch, waren hauptsächlich die Schlafräume der Mannschaften untergebracht, wobei nur für 2/3 der Besatzung Betten und Platz kalkuliert wurde, 1/3 hatte ja Dienst. Jedoch waren die Forts alle deutlich überbelegt. Kalkuliert für eine Mannschaftsstärke von 100-150 Mann mussten sich 200-300 Mann die Unterkunft teilen, zudem waren immer einige Räume durch Granateneinschläge unbewohnbar.

Neben den Schlafräumen waren hier auch untergebracht:
- die Küche
- mehrere Proviantdepots
- eine Schlosserei mit Werkstatt
- ein Krankenzimmer
- ein Raum für den Stromerzeuger
- ein Raum für Dieselvorrat
- Telefonzentrale
- Lagerraum für Stacheldraht, Zement etc.
- eine Gruft mit sechs Zinksärgen

Der Batterieblock

Im Batterieblock waren die Turmhaubitzen zusammengefasst, die in der Regel tiefer lagen als der Kasemattenblock. Sie hoben sich so nicht gegen den Horizont ab, was eine Beobachtung durch den Feind erschwerte.

Zur Beobachtung der Kampfhandlungen standen auf dem Batterieblock 1-2 Panzerkuppeln und 1-2 drehbare Beobachtungsstände.

Die Turmhaubitzen und die Beobachtungsstände waren untereinander durch den Batteriegang verbunden.

Der Batteriegang führte auch zu den Munitionsdepots, den Bereitschaftsräumen und zum Kasemattenblock. Jedes Fort verfügte über Notausgänge, die teils unterirdisch, an der Feind abgewandten Seite ins Freie führten.

Diese Gänge dienten auch dem Ausschleusen von Spähern, waren von einem Posten bewacht und durch Stahltüren verschlossen.

Sonstige Ausrüstung der Forts

Zur Kommunikation innerhalb des Forts wurde das Telefon genutzt. Unabhängig davon standen Sprachrohrleitungen zur Verfügung. Mit diesen Rohrleitungen war eine Verständigung über bis zu 200 Metern möglich. Die Festungen untereinander standen per Telefon in Verbindung. Die österreichischen Werke hatten zudem ein optisches Verbindungsnetz. Blinksignale wurden mit Laternen gegeben, die – unabhängig von der Stromversorgung – mit Azetylengas betrieben wurden.
Damit der Gegner die Lichtsignale nicht sieht, standen die Lampen in langen Rohren und waren genau auf die Gegenstation ausgerichtet. Ein Rohr zum Senden und ein dünneres Rohr zum Beobachten waren fest in der Außenwand der Werke eingelassen.

Zur Stromerzeugung standen Benzinmotoren von Langen & Wolf oder MAN Dieselmotoren zur Verfügung. Sie leisteten etwa 34 PS, wogen 9-15 Tonnen und hatten einen Zylinder mit 30 Liter Hubraum. Das Schwungrad hatte einen Durchmesser von 3 Metern. Von diesem Motor wurde ein Dynamo mit 16 KW betrieben.
Der erzeugte Strom wurde für die Telefonanlage und die Ausleuchtung der Fortumgebung genutzt. Aber vor allem brauchte man den Strom um Lüfter zu betreiben. Die damaligen Sprengstoffe auf Nitrobasis setzten bei der Explosion große Mengen Kohlenmonoxid frei. Da bei einer Belagerung die Fenster durch Panzerplatten verschlossen waren, verfügten die Forts über ein künstliches Belüftungssystem mit Belüftungsschächten.

Anmerkung

Im Gegensatz zu den österreichischen Werken wurde in den Decken der italienischen Forts keine Eisenträgerkonstruktion verbaut. Auch war der Beton von deutlich minderwertiger Qualität. Nach Kriegsende, vor allem in den Jahren 1930-1935 kamen Schrotthändler zu den Forts und montierten alle Eisenteile ab. Die österreichischen Forts wurden teilweise wegen ihrer Stahlträger in den Betondecken gesprengt. So sind die italienischen Forts zum Teil trotz ihrer minderwertigen Bauweise heute besser erhalten. Siehe auch unter Zusatzinformation zum Fort Monte Verena, Seite 83.

Hinweis zur Besichtigung von Forts

In der Regel sind die Fortruinen frei zugänglich. Nur wenige sind wegen beträchtlicher Einsturzgefahr gesperrt. Dies wird mit deutlichen Warnschildern angezeigt. Generell gilt jedoch, dass ein Betreten immer auf eigene Gefahr erfolgt.

Gefährlich kann das Erkunden unterirdischer Gänge, Kammern und Anlagen sein. Hier ist – besonders im Frühjahr durch Frostschäden – mit losem Gestein und abbrechenden Deckenteilen zu rechnen. Damit eine Erkundung der Ruinen mit den unterirdischen Anlagen nicht nur ein Abenteuer wird, sondern auch Spaß bringt, ist festes, wasserdichtes Schuhwerk und eine gute Taschenlampe Voraussetzung. Ein Helm ist nicht unbedingt erforderlich, gibt ängstlichen Naturen aber ein beruhigendes Gefühl. An Wochentagen ist man meist allein in den Ruinen, so dass unbedingt eine Begleitperson mitgenommen werden sollte.

Ab der Mittagszeit ist die Fernsicht oft durch starken Dunst behindert. Die frühen Morgenstunden bieten oft die beste Sicht. Nachmittags besteht den ganzen Sommer hindurch ein verstärktes Gewitterrisiko.

Gipfelfort auf dem Mont Jafferau (Strecke 16)

FRANCHE-COMTÉ
RGOGNE
Bern
SCHWEIZ / SUISSE / SVIZZERA
Lausanne
Genève
leurbanne
VALLE D'AOSTA
RHÔNE-ALPES
FRANCE
Novara
Grenoble
11
10
9
8
15
16
17
Torino
20
12
13
14
19
PIEMONTE
30
24
21
26
22
23
25
LIGURIA
27
29
28
PROVENCE-ALPES-CÔTE D'AZUR
Nice
Monaco
Aix-en-Provence
Marseille
Toulon

duz
TIROL
TRENTINO-ALTO
ADIGE
KÄ
FRIULI-VENE
GIULIA
Trento
1
2
3
4
5
6
7
rgamo
Brescia
VENETO
Vicenza
Verona
Padova
Venezia
lano
MBARDIA
Piacenza
TALIA
Ferrara
Parma
Reggio
Emilia
Modena
Bologna
Ravenna
EMILIA-ROMAGNA
Forlì
Rimini
San
Marino
La Spezia
Prato
Firenze
TOSCANA
MARCH
Livorno
Perugia

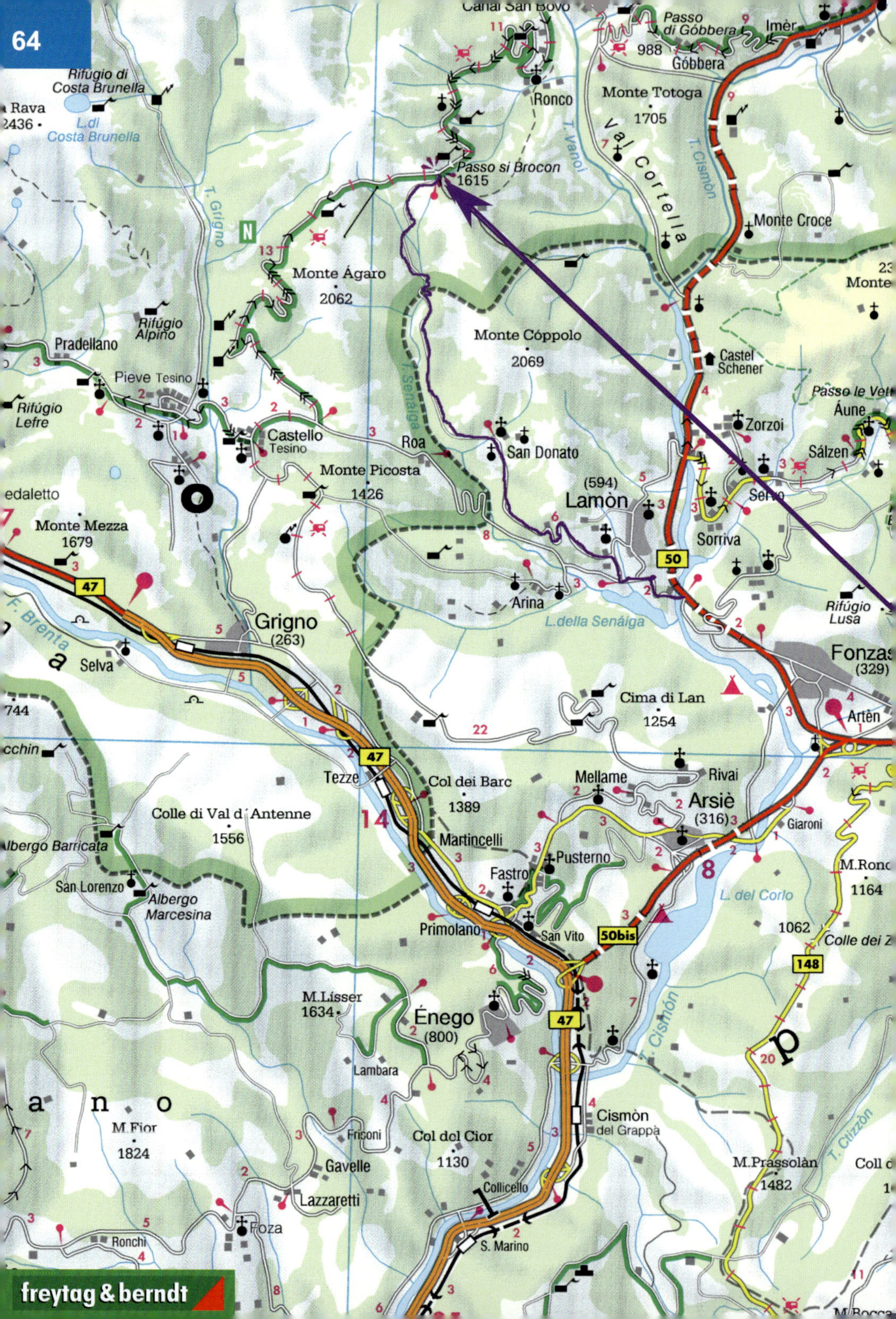
Canal San Bovo
Passo di Gòbbera
988
Gòbbera
Imèr
Rifugio di Costa Brunella
L. di Costa Brunella
Rava
2436
Ronco
Monte Totoga
1705
Val Cortella
T. Vanoi
T. Cismòn
Passo si Brocon
1615
T. Grigno
Monte Croce
Monte Ágaro
2062
Monte Cóppolo
2069
Rifúgio Alpino
Pradellano
Pieve Tesino
Castel Schener
Rifúgio Lefre
Castello Tesino
Roa
T. Senàiga
San Donato
Zorzoi
Passo le Vette
Áune
Sálzen
Monte Picosta
1426
(594)
Lamòn
Servo
Sorriva
edaletto
Monte Mezza
1679
47
50
Arina
L. della Senáiga
Rifúgio Lusa
F. Brenta
Selva
Grigno
(263)
Fonzaso
(329)
Cima di Lan
1254
Artèn
744
22
Mellame
Rivai
47
Tezze
Col dei Barc
1389
Arsiè
(316)
Giaroni
Colle di Val d' Antenne
1556
14
Martincelli
Albergo Barricata
Pusterno
Fastro
8
M. Ronc
1164
San Lorenzo
Albergo Marcesina
L. del Corlo
Primolano
San Vito
50bis
1062
Colle dei Z
148
M. Lisser
1634
Énego
(800)
47
T. Cismòn
Lambara
M. Fior
1824
Friconi
Col del Cior
1130
Cismòn del Grappa
M. Prassolàn
1482
T. Ctizzòn
Gavelle
Collicello
Lazzaretti
Foza
Ronchi
S. Marino
freytag & berndt

R01 Passo del Broncon **

Land: Italien, Gebiet: Trentino
Ausgangspunkt: Passo del Brocon
Endpunkt: SS 50 bei Fonzaso

Fahrzeugklassen FZK	Schwierigkeit SG	Zeitbedarf Stunden	Kilometer Gesamt	Kilometer Offroad	Reisezeit Monat
1	2	2	24,2	12,4	05 - 10

Die Schotterstrecke der alten Südrampe ist der interessante Teil des Passo del Brocon. Sie verläuft überwiegend im dichten Tannenwald. Der erste Abschnitt vom Pass aus ist zugleich der fahrtechnisch schwierigere, über eine grob geschotterte, schmale Piste geht es in acht engen Kehren, in denen man teils reversieren muss, ins Tal.
Schneefall ist von Oktober bis Mai möglich. Die Strecke wird nicht geräumt.

Anfahrt

Der Passo del Brocon liegt im Gebiet südöstlich von Bozen. Von der A22, Bozen Richtung Trento biegt man bei Ora/Auer ab auf die SS 48 und fährt über die SP 232 und SS 50 über den Passo die Rolle. Südlich von Mezzano führt die Straße Richtung Canal San Bovo durch einen 3,3 km langen Tunnel. Nun den Schildern Passo del Brocon folgen, in vielen engen Kurven windet sich die knapp zweispurige Asphaltstraße nach oben.
Wird die Route von Westen angesteuert, biegt man in Trento auf die SS 47 ab und folgt dieser bis nach Castelnuovo. Von hier weiter nach Stringo, die eigentliche Passstrecke beginnt nach Castello, ist durchgehend asphaltiert und besser ausgebaut als die östliche Auffahrt zum Pass.

Routenbeschreibung

Wir beschreiben die alte Südrampe vom Pass beginnend, die Richtung Lamon führt. Auf der Passhöhe, direkt links neben der Auberge Passo del Brocon (1.652 m) führt die Piste im Tannenwald bergab, **WP 01ax01** (km-Stand 0), Schild Passo to Tappa, Spagolle 31 km. An der T-Kreuzung fahren wir links, **WP 01ax02**, ab hier wird der Weg etwas schmaler und schlechter, über groben Schotter geht es teils über Querrinnen und Wurzeln, SG 2. In den acht engen Kehren muss meist reversiert werden. Es geht über eine grob gepflasterte Furt, durch die nach starkem Regen oder im Frühjahr das Schmelzwasser fließt, **WP 01af04**. (Zum Befahrungszeitpunkt war die Furt trocken.)
Zur Grotte Castello Tesino zweigt bei **WP 01ax05** ein Weg rechts ab, der gesperrt ist. Die Grotte ist in 5 Min. zu Fuß zu erreichen, aber nicht sehr sehenswert, sie ist durch ein Eisengitter, das nicht geöffnet werden kann, verschlossen. Wir fahren geradeaus weiter, die Piste ist ab hier wieder breiter und besser zu befahren, SG 1.

Die einspurige Schotterstraße wird heute kaum noch genutzt, sie verläuft größtenteils in Serpentinen im Nadelwald.

In San Donato (852 m), **WP 01ax07**, haben wir wieder Teer unter den Rädern, es geht weiter bergab. Den Schildern nach Feltre folgend, ab **WP 01ax08**, sind wir auf guter, zweispuriger Teerstraße unterwegs und erreichen bei **WP 01ax14** die S 50, kurz vor Fonzaso, Endpunkt, km-Stand 24,2. Rechts geht es nach Feltre, links über den Passo di Rolle.

Zusatzinformation

Der Name Brocon leitet sich von der Schneeheide (Erica carnea) ab, die volkstümlich Brocon genannt wird. Ein Naturlehrpfad wurde in der Nähe der Passhöhe angelegt (Trodo dei fiori), bei dessen Begehung man die hochalpine Flora erleben kann.

Die Schotterstraße ist die „alte Südrampe“ des Broconpasses, die 1907 angelegt wurde.

Infolge des Krieges von 1866 verlor Österreich-Ungarn das zuvor österreichische Venetien an Italien. Wer nun vom Rollepass kam und ins Valsugana wollte, musste jetzt einige Kilometer über italienisches Territorium reisen. Besonders das österreichische Militär fand diesen Zustand untragbar und forderte bald den Bau einer Straße von Imer über Canal San Bovo und den Broconsattel nach Castello Tesino, die einige Kilometer vor der Grenze ausschließlich auf österreichischem Territorium verlaufen sollte. Es dauerte noch gut vier Jahrzehnte, bis dann 1907 mit dem Bau der 45 km langen Straße begonnen wurde, die Fertigstellung erfolgte 1909. Der Bau dieser Straße und ihre anfängliche Nutzung diente vor allem militär-strategischen Interessen.

Nur neun Jahre hatte die Straße eine strategische Bedeutung.

1918, neun Jahre nach ihrer Fertigstellung, verlor die Straße infolge des veränderten Grenzverlaufes über Nacht an Bedeutung, als das gesamte ehemals österreichische Südtirol zu Italien kam. Sie wird heute nur noch von den Anwohnern und wenigen Touristen benutzt.

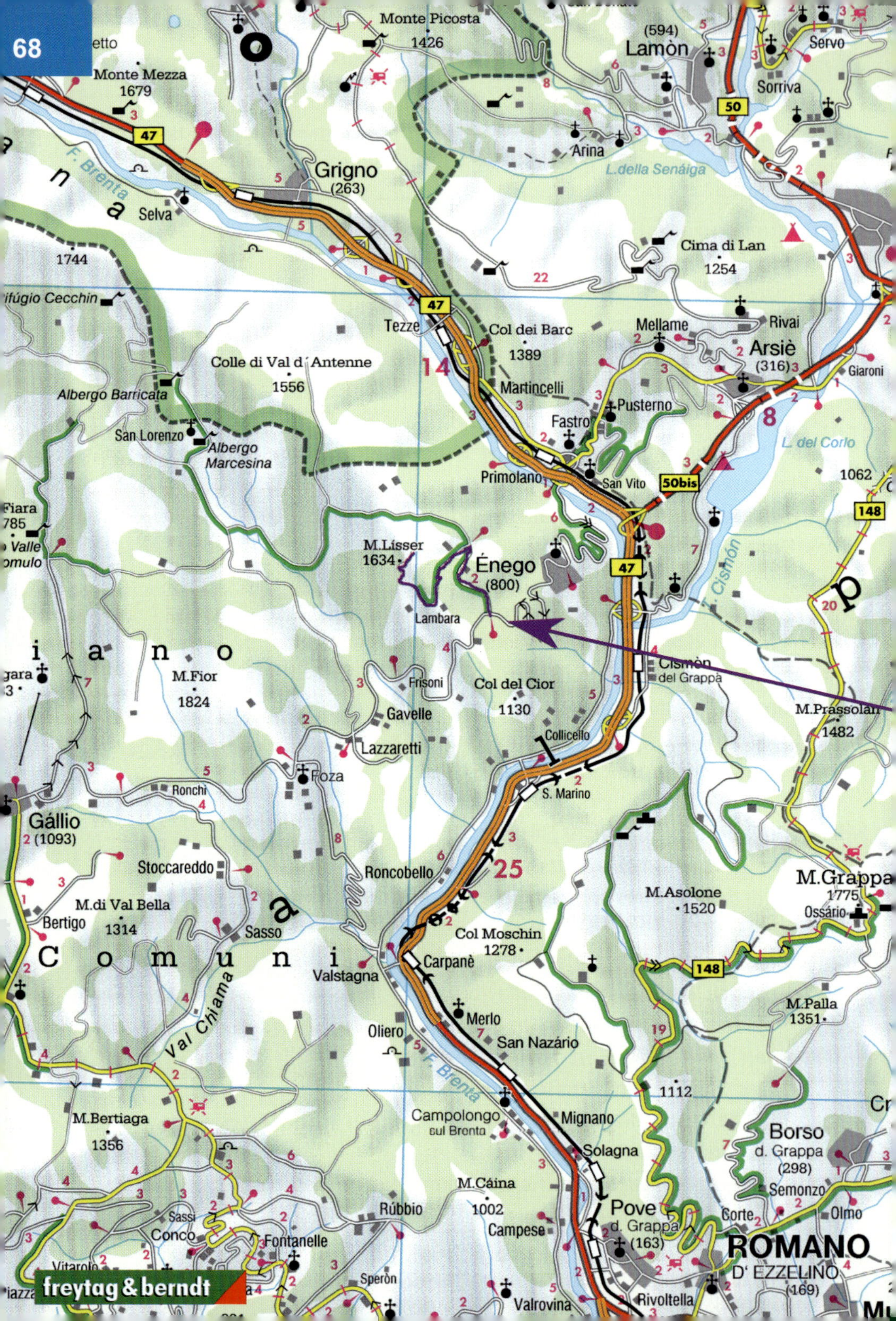
Monte Picosta
1426
Monte Mezza
1679
(594)
Lamòn
Servo
Sorriva
50
47
Grigno
(263)
F. Brenta
Selva
Arina
L. della Senáiga
Cima di Lan
1254
1744
Rifúgio Cecchin
22
Tezze
Col dei Barc
1389
Mellame
Rivai
Arsiè
(316)
Giaroni
Colle di Val d'Antenne
1556
14
Martincelli
Pusterno
Albergo Barricata
Fastro
8
L. del Corlo
San Lorenzo
Albergo Marcesina
Primolano
San Vito
50bis
1062
148
M.Lisser
1634
Énego
(800)
Lambara
Cismòn del Grappa
T. Cismòn
Fiara
785
Valle
omulo
M.Fior
1824
Frisoni
Col del Cior
1130
M.Prassolan
1482
Gavelle
Collicello
Lazzaretti
Foza
Ronchi
S. Marino
Gállio
(1093)
Stoccareddo
Roncobello
25
M.Grappa
1775
Ossário
M.di Val Bella
1314
M.Asolone
1520
Bertigo
Sasso
Col Moschin
1278
Comuni
Valstagna
Carpanè
148
Val Chiama
M.Palla
1351
Merlo
Oliero
San Nazário
F. Brenta
1112
Campolongo sul Brenta
Mignano
M.Bertiaga
1356
Borso d. Grappa
(298)
Solagna
Semonzo
M.Cáina
1002
Sassi
Rúbbio
Pove d. Grappa
(163)
Corte
Olmo
Conco
Fontanelle
Campese
ROMANO D' EZZELINO
(169)
Vitarolo
Sperón
Rivoltella
Valrovina
freytag & berndt

R02 Gipfelfort Monte Lisser **

Land: Italien, Gebiet: Venetien
Ausgangspunkt: Abzweig 6 km hinter Enego
Endpunkt: Gipfelfort Monte Lisser

Fahrzeugklassen FZK	Schwierigkeit SG	Zeitbedarf Stunden	Kilometer Gesamt	Kilometer Offroad	Reisezeit Monat
1-3	1	2	15,8	10,8	05 - 10

Das Gipfelsträßchen ist ab dem Rifugio Tombal geschottert und einfach zu befahren. Vom Fort hat man eine schöne Aussicht in die Umgebung. Das Wiesengelände beim Kasernengebäude eignet sich gut als Rastplatz. In Verbindung mit Route 3 (Monte Lozze) und Route 4 (Monte Verena) lohnt sich die Anfahrt zu dieser kurzen Sackgasse.
Schneefall ist von Oktober bis Mai möglich, die Strecke wird nicht geräumt.

Anfahrt

Von Bozen über die A 22 Richtung Süden nach Trento. In Trento auf die SS 47 (Trento-Bassano) bis zur Ausfahrt Enego/Asiago, hier weiter Richtung Enego. Die zweispurige Asphaltstraße windet sich in 19 Kehren im Wald bergauf.

Routenbeschreibung

Die Route beginnt 6 km hinter Enego, wir biegen rechts ab zum Rifugio Tombal, (2,6 km), **WP 02ax01** (km-Stand 0). Beim Rifugio Tombal (1.272 m) geht es links den Schotterweg weiter zum Monte Lisser, **WP 02ax03**. (Die Teerstraße führt weiter geradeaus zum Rifugio Marchesina, ein Verbindungsweg zum Monte Lozze, siehe **Route 3**.)
An der Gabelung, **WP 02ax04**, geht es rechts weiter, kurz darauf ist ein Viehgatter und ein altes Verbotsschild, welches kaum noch zu lesen ist. Vermutlich handelt es sich hier um einen Haftungsausschluss. Einheimische benutzen diesen Weg und laut Auskunft von einem Bauern darf man zum Fort hochfahren. Einzelfahrer werden wahrscheinlich eher toleriert, als eine Gruppe von mehreren Fahrzeugen. Viehgatter natürlich wieder schließen.

Das leicht zu befahrende Schottersträßchen führt mit herrlichem Ausblick hinauf zu dem gut erhaltenen Gipfelfort.
Die Almwiesen werden von Kühen und Schafen beweidet.

Die Piste ist ab hier etwas schmaler, trotzdem SG 1 und führt vorbei an schönen Wildblumenwiesen bergauf, kein Waldbewuchs mehr. An dem alten Kasernengebäude, **WP 02ar05**, kann man auf der Wiese gut rasten oder campen, kurz danach ist ein weiteres Viehgatter und wir erreichen das Fort Lisser auf dem Gipfel (1.629 m), **WP 02ar06**. Der Weg endet hier. Hinter dem Fort ist die Station eines Skiliftes. Das Fort ist gut erhalten und zu einem „Eco-Museum“ ausgebaut.

Zusatzinformation

In der Zeit von Oktober 1911 bis November 1914 wurde das italienische Fort Lisser in 1.633 Metern Höhe auf dem gleichnamigen Berg erbaut, der den Ort Enego beherrscht. Es war ein Teil der Sperre Brenta – Cismon und hatte die Hauptaufgabe, das Tal Canale di Brenta zu überwachen. Auf der gegenüberliegenden Seite des Tales waren mit der gleichen Aufgabe das Fort Cima di Lan und Leone von Cima Campo sowie die Kavernenbatterie von Coldarco betraut.

Die vier Kanonen mit denen das Fort bestückt war, standen unter einem 18 Zentimeter dicken Stahlpanzer.

Am 8. Juni 1916 wurde das Fort von österreichischen Mörsern beschossen, die jedoch nur wenig Schaden anrichteten. Im Dezember 1917 zogen sich die italienischen Truppen zurück und die Anlage fiel den Österreichern zu. Es bleib bis zum Kriegsende im Besitz Österreichs ohne an weiteren Krieghandlungen teilzunehmen.

Die vier Kanonen des Fort Monte Lisser wurden von Schrotthändlern demontiert und abtransportiert.

Hinweistafeln, auch in deutscher Sprache, erklären den Aufbau des Forts, seine strategische Bedeutung und die Ereignisse in den Kriegsjahren 1916-1917.

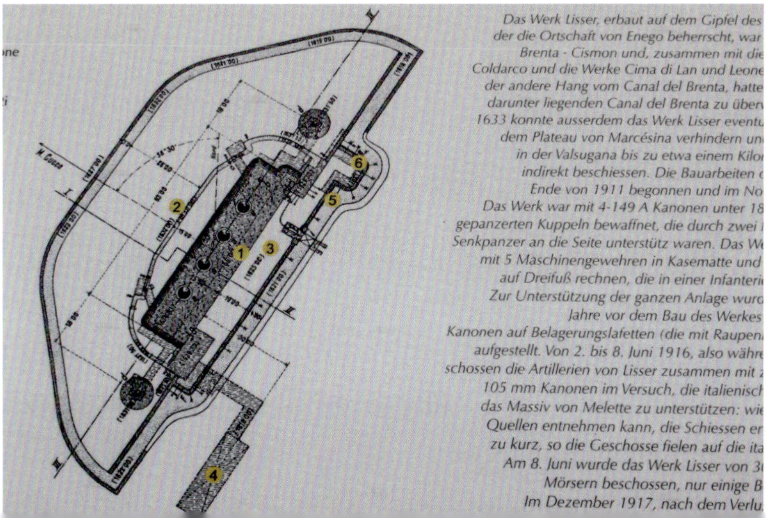

Villa-Agnedo
Ospedaletto
Monte Mezza
1679
Monte Picosta
1426
Lamòn
(594)
Arina
L.della Senài
Grigno
(263)
Selva
F. Brenta
1744
Rifúgio Cecchin
Tezze
Col dei Barc
1389
Mellame
Colle di Val d´Antenne
1556
Albergo Barricata
Martincelli
Pusterno
Fastro
San Lorenzo
Albergo
Marcesina
Primolano
San Vito
M.Fiara
1785
Rifúgio Valle
di Campomulo
M.Lisser
1634
Énego
(800)
Lambara
Rifúgio Busa
del Molton
Rif.Stalder
t o p i a n o
M.Longara
1633
M.Fior
1824
Frisoni
Col del Cior
1130
Sant´Antonio
Gavelle
Collicello
Lazzaretti
Bosco
Foza
Ronchi
S. Marino
Gállio
(1093)
Asiago
(1000)
Stoccareddo
Roncobello
Pennar
Bertigo
M.di Val Bella
1314
Sasso
Col Moschin
1278
t t e C o m u n i
Valstagna
Carpanè
Val Chiama
M.Asc
Merlo
Oliero
San Nazário
1221
M.Caberlaba
M.Bertiaga
1356
Campolongo
sul Brenta
Mignano
Solagna
Rif.Granezza
M.Càina
1002
Pove
d. Grappa
(163)
Campese
Rúbbio
Cima Fonti
1518
Sassi
Conco
Fontanelle
Vitarolo
Sta. Caterina
Speròn
Valrovina
Rivoltella
821
47
72
50bis
freytag & berndt

R03 Gipfelfort Monte Lozze ***

Land: Italien, Gebiet: Venetien
Ausgangspunkt: Abzweig 6 km hinter Enego
Endpunkt: Rundkurs

Fahrzeugklassen FZK	Schwierigkeit SG	Zeitbedarf Stunden	Kilometer Gesamt	Kilometer Offroad	Reisezeit Monat
1-2	2	4	63,5	33,7	05 - 10

Anfahrt

Als Anfahrt zum Monte Lozze wählen wir ein Verbindungssträßchen, welches vom Rifugio Tombal (Monte Lisser, Route 2) weiter zum Monte Lozze führt. Der Anfahrtsweg ist somit der gleiche wie beim Monte Lisser: Von Bozen über die A 22 Richtung Süden nach Trento. In Trento auf die SS 47 (Trento-Bassano) bis zur Ausfahrt Enego/Asiago, hier weiter Richtung Enego. Die zweispurige Asphaltstraße windet sich in 19 Kehren im Wald bergauf.

Mehrere Möglichkeiten

Am Ausgangspunkt bieten sich vier befahrbare Strecken an:

3a) Rundkurs, vom Anfahrtsweg Monte Lisser über Piazzale Lozze,

3b) kurze Querverbindung, Länge: 2,1 km Piste

3c) Abzweig/Sackgasse zur Malga Sapeur
Länge (Hin- u. Rückweg): 13,2 km Piste

3d) alternative Abfahrt über Asphaltstraße nach Gallio
Länge gesamt: 7 km Teerstraße

Routenbeschreibung

Der Rundweg am Monte Lozze bietet für den Geländefahrer nicht viel, ist aber dennoch in Verbindung mit **Route 2** (Monte Lisser) und **Route 4** (Monte Verena) ein lohnenswerter Anfahrtspunkt. Vom Piazzale Lozze und einem weiteren Wanderparkplatz führen Wanderwege zum Gipfel des Monte Lozze und Monte Ortigara, der im 1. Weltkrieg eine bedeutende Rolle spielte.

Die Route beginnt 6 km hinter Enego, wir biegen rechts ab zum Rifugio Tombal (2,6 km), **WP 03ax01**. Am Rifugio Tombal (1.272 m), (links geht der Schotterweg zum Monte Lisser ab), **WP 03ax02**, fahren wir die Teerstraße weiter geradeaus zum Rifugio Marchesina. Nach Osten hat man auf der Weiterfahrt schöne Ausblicke auf die Ausläufer der Dolomiten.
Bei **WP 03ax04**, kurz hinter der Marchesina-Alm biegen wir rechts ab und fol-

Die Schotterwege lassen sich gut befahren und werden notdürftig Instand gehalten. Am Wochenende werden die Pisten von Mountainbikern und Wanderern frequentiert.

gen weiter der schmalen Asphaltstraße. Vorbei an einem Picknickplatz, **WP 03ap06** erreichen wir den Abzweig **WP 03ax08**, wir fahren rechts.

(Links führt der Weg über Route 3b direkt zu **WP 03ax21**.)

Ein schmaler Schotterweg, der im weiteren Verlauf schlechter wird, SG 2, führt bei **WP 03ax09** rechts bergauf zu einer kleinen Kapelle, Sackgasse, **WP 03ae10**. Nur ein Fußweg geht weiter hoch zum Gipfel. Wir fahren bei **WP 03ax09** links weiter, der Weg ist teils geteert, teils geschottert und führt zum großen Parkplatz Piazzale Lozze (1.776 m) mit Tischen, Bänken und Feuerstelle. Von hier gehen Wanderwege weiter zum Monte Lozze und Monte Ortigara. Große Tafeln erklären mehr schlecht als recht in italienisch und deutsch den Kriegsstützpunkt aus dem 1. Weltkrieg am Monte Ortigara.

In der Kapelle erinnern Gedenktafeln an die gefallenen Soldaten.

In weiten Teilen verläuft die meist gute und leicht zu befahrende Schotterpiste in Nadelwald. Nur selten ergeben sich Ausblicke ins Tal.

Vom Parkplatz führt links eine Piste weiter über das Rifugio Adriana, der wir folgen. Die Piste wird etwas schlechter und schmaler, SG 2 und führt durch Tannenwald. Bei **WP 03ax15** geht links ein Weg zum Rifugio Adriana ab, 200 m. Wir kommen an eine Gabelung, **WP 03ax16**. Nach rechts führt ein lohnenswerter Abstecher zu einem kleinen Wanderparkplatz, Sackgasse, **WP 03ae17**. Von hier kann man zur Malga Fozze laufen, einer kleinen Hütte an einem Talkessel, der im 1. Weltkrieg eine wichtige Bedeutung hatte. Überall sieht man noch die Überreste von alten Bunkern und Unterständen und hat schöne Ausblicke auf die Gipfel in der Umgebung.

Zurück bei **WP 03ax16** fahren wir rechts den Schotterweg weiter, bei der Gabelung, **WP 03ax21** = **WP 03bx02** kann man links zurück zu **WP 03ax08** =

WP 03bx01 fahren (Route 3b). Rechts geht unsere Route bald in Teerbelag über, wieder SG 1. Um unsere Runde am Monte Lozze zu schließen, biegen wir bei WP 03ax25 links wieder auf eine Piste ab.

Bei WP 03ax26 = WP 03cx01 führt rechts eine Piste (Route 3c/Sackgasse) zu einem alten Friedhof aus Kriegszeiten. Fährt man bei der Gabelung, WP 03cx05 rechts, kommt man zu einer Gedenkstätte an der Malga Sapeur, WP 03ce06. Links endet der Weg bald an einer Kuhweide.
Bei WP 03ax26 geradeaus: die Piste wird etwas schmaler und schlechter, trotzdem SG 1. Wir erreichen wieder WP 03ax04, wo es zurück Richtung Monte Lisser geht.

Route 3d)
Fährt man bei WP 03ax25 = WP 03dx01 rechts, führt der Asphaltweg durch Wald im Tal Campomulo hinab zum Endpunkt in Gallio, WP 03dx04. Rechts führt die Hauptstraße weiter nach Asiago. (Wählt man diesen Weg als Einstieg, so folgt man immer dem gelben Hinweisschild Ortigara und gelangt zum Parkplatz Piazzale Lozze.)

In dem Gebiet um die Forts Monte Lisser und Monte Lozze finden sich immer wieder geheime, unterirdische Gänge, die zu Beobachtungsposten führen.

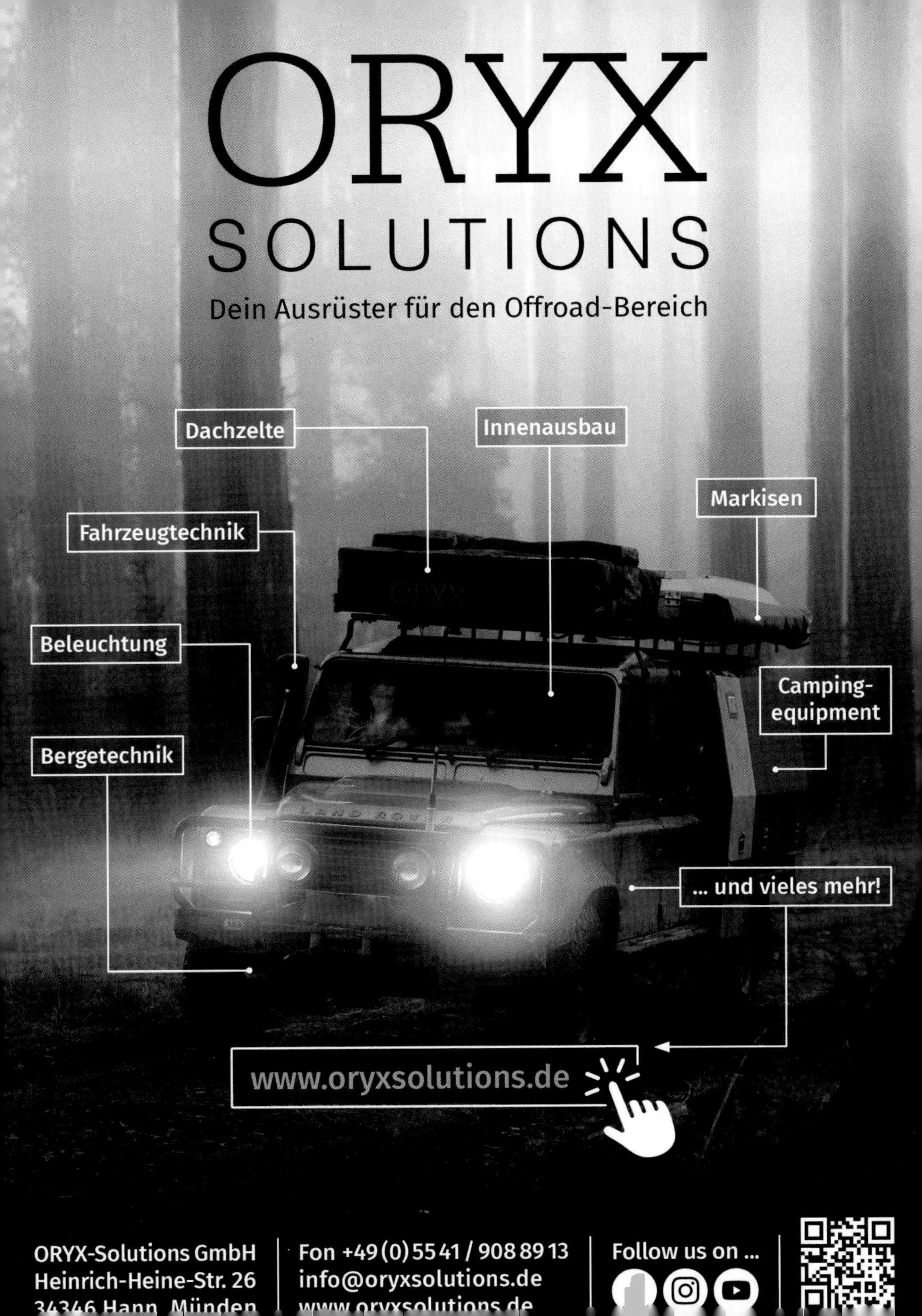
ORYX
SOLUTIONS
Dein Ausrüster für den Offroad-Bereich
Dachzelte
Innenausbau
Markisen
Fahrzeugtechnik
Beleuchtung
Camping-
equipment
Bergetechnik
... und vieles mehr!
www.oryxsolutions.de
ORYX-Solutions GmbH
Heinrich-Heine-Str. 26
34346 Hann. Münden
Fon +49 (0) 55 41 / 908 89 13
info@oryxsolutions.de
www.oryxsolutions.de
Follow us on ...

Selva
Barco
Colle della Stanga
1535
Sella
2228
2341
Cima Dódici
Rifúgio
Cima Mandriolo
2049
2307
Cima Pórtule
Cima Corno
di Campo Verde
2129
Rifúgio Cima Lárici
Albergo Lárici
Rifúgio di
Campo Gallina
T. Assa
Val d'Assa
Albergo
Ghértele
349
M.Verena
2015
M.Meatta
1897
Rifúgio Busa
del Molton
M.Fiara
1785
Rifúgio Valle
di Campomulo
Rif.Stalder
Belvedere
Luserna
Chiechi
Pedemonte
Longhi
Scálzeri
Posta
Rif.Verenetta
Altopiano dei Sette Comuni
M.Longara
1633
Sant´Antonio
Casotto
Lucca
Bosco
M.Erio
1628
San Pietro
d' Ástico
Valdástico
350
Roana
(940)
Camporóvere
Asiago
(1000)
Pennar
Canove
Sóglio
Mezzaselva
Valle
Grotti
Tonezza
d. Cimone
Albaredo
Rotzo
T. Assa
M.Tormeno
1292
Castelletto
Campana
Dosso
Cavrari
Rifúgio
Rossa
72
Pedescala
Scatolari
Brunneli
Barcarola
Tresche
Fondi
Cesuna
1221
M.Caberlaba
Draghi
24
Rifúgio
Boscon
Castana
Rifúgio
al Granatiere
1354
M.Céngio
Rif.Granezza
T. Posina
Cima Fonti
1518
Arsiero
(358)
Cogollo
del Céngio
(310)
Maso
Seghe
350
M.Priaforà
1659
Velo
d' Ástico
(362)
Piazza
Monte
Mossòn
Malga
Novegno
M.Novegno
1552
Caltrano
(260)
Mortisa
T. Astico
S. Donà
M.Summano
1296
Chiuppano
(264)
Calvene
Tretto
S. Rocco
Piovene
Rocchette
Piovene Rocch.-
-Chiuppano
A31
Lugo
di Vicenza
Salced
freytag & berndt

R04 Gipfelfort Monte Verena ✱✱✱

Land: Italien, Gebiet: Venetien
Ausgangspunkt: Asiago
Endpunkt: Gipfelfort, Monte Verena

Fahrzeugklassen FZK	Schwierigkeit SG	Zeitbedarf Stunden	Kilometer Gesamt	Kilometer Offroad	Reisezeit Monat
1-2	2	4	22,3	17,8	05 - 10

Wir beschreiben zwei Alternativen

4a) von Roana bis zum Gipfelfort
Länge: gesamt 20,4 km, davon 12 km Piste

4b) Piste über die Malga Quarti,
Länge: 5,8 km Piste

Schneefall ist von Anfang Oktober bis Mitte Mai möglich.

Besonderheit: für FZK 2 an einigen Stellen Gefahr von Kratzern im Lack durch Büsche und Sträucher auf zugewachsenen Wegen.

Einführung

Der Monte Verena mit seinem geschichtsträchtigen Gipfelfort ist mit einem ganzen Netz von Schotterwegen durchzogen. Es gibt mehrere Auffahrten zum Gipfelfort, für unsere Route haben wir die offroad-technisch interessante gewählt.
Vom recht gut erhaltenen Fort ergeben sich schöne Aussichten in die Umgebung. Am Wochenende sind hier viele Wanderer und Mountainbiker unterwegs, weshalb man entsprechend rücksichtsvoll unterwegs sein sollte bzw. besser während der Woche die Route fährt. Gute Kombinationsmöglichkeit mit **Route 2** (Monte Lisser) und **Route 3** (Monte Lozze). Über **Route 5** (Val d'Assa) kann man eine Verbindung zu Route 6 (Strada della Cucca) fahren.

Anfahrt

Entweder Autobahn A22 von Bozen über Trento Richtung Rovereto. Bei Calliano abbiegen und auf die SS 350 nach Folgaria, weiter über die SS 349 nach Asiago fahren.
Von Folgaria kann man auch über die **Route 5** (Val d'Assa) einsteigen (umgekehrte Richtung).
Oder man fährt vom Endpunkt Route 3d (Monte Lozze), Gallio, weiter nach Asiago.

Routenbeschreibung

Route 4a)

Wir fahren ca. 3 km hinter Asiago Richtung Vicenza im Kreisverkehr rechts nach Roana ab, **WP 04ax01** (km-Stand 0). In Roana (1.002m) biegen wir beim Kirchturm rechts ab, **WP 04ax02**, am darauf folgenden Abzweig fahren wir noch mal rechts ab und kommen an die Baita Laghetto, ein See mit Gasthaus und Parkplatz. Bei schönem Wetter sind hier viele Ausflügler unterwegs. Kurz dahinter biegen wir links auf einen Schotterweg ab, **WP 04ax04** (km-Stand 4,6). Durch Nadelwald geht es auf einer breiten Piste mit einigen Auswaschungen (SG 1) bis zu der Gabelung bei **WP 04ax06**.

Ab hier gehen zwei Wege weiter bis zur Abzweigung des Gipfelfahrwegs (**WP 14ax14**). Rechts führt der kürzere Weg über die Malga Quarti (Route 4b). Wir fahren links die Schotterpiste weiter und kommen an eine Kreuzung mit Picknickplatz, **WP 04ax11** (km-Stand 12,1). Der Weg zum Gipfel führt rechts bergauf, mit ein paar Auswaschungen, aber noch einfach zu befahren, SG 1. Wir kommen an einem eisernen Kreuz vorbei und biegen rechts ab, **WP 04ax13**. (Hält man sich hier links, trifft man kurz darauf auf die Teerstraße welche von Mezzaselva di Roana hoch zum Parkplatz an der Sesselliftstation führt.)

Bei **WP 04ax14** erreichen wir den

Die Schotterwege rund um das Fort Verena stellen keine hohen Ansprüche an Fahrer und Fahrzeug.

Abzweig zum Gipfel, links weiter, Sackgasse, nur für FZK 1. Nach dem Kasernengebäude, **WP 04ax15**, wird der Weg schmaler und schlechter, mit einigen engen Kehren, in denen reversiert werden muss, SG 2. Das Gipfelfort (2.005 m) lohnt eine kurze Besichtigung, es gibt nur wenig Platz für ein paar Fahrzeuge zum Parken, **WP 04ae16**, (km-Stand 20,2). Hier endet auch die Sesselliftstation. Auf großen Tafeln ist auf italienisch und deutsch einiges zur Bedeutung des Forts während des ersten Weltkriegs erklärt.

Route 4b)

Zurück nehmen wir bei WP 04ax14 = **WP 04bx01** links die Piste über die Malga Quarti. Der erste Abschnitt bis zu einer Almhütte, **WP 04bh02** ist in schlechtem Zustand, holprig mit einigen Auswaschungen, SG 2. Danach wird der Weg besser, wieder SG 1. Nach 5,8 km sind wir wieder am Ausgangspunkt des Rundweges, **WP 04bx04 = WP 04ax06**. Links geht es zurück nach Roana.

Die teils bewirtschafteten Bauernhäuser bieten oft Produkte z.B. Käse aus eigener Herstellung an.

Eine weitere Anfahrt führt über eine breit ausgebaute Asphaltstraße, Abzweig bei Mezzaselva di Roana (Schild Monte Verena) bis zum Parkplatz bei der Sesselliftstation.

Aus dem Val d'Assa geht bei dem Gasthaus Ghértele ein Weg ab, der ebenfalls zur Sesselliftstation führt, siehe **Route 5**.

THEMA

Krieg in den Bergen

Das Gipfelfort Monte Verena

Das italienische Forte Monte Verena wurde um 1910 als Fernkampffestung auf dem Gipfel des gleichnamigen Berges in 2.015 Metern Höhe erbaut. Das Forte Monte Verena war somit das am höchsten gelegene Befestigungswerk der gesamten Front. Es war das Hauptwerk der gleichnamigen Befestigungsgruppe, die aus vier weiteren Forts bestand. (Verenetta, Rossapoan, Bosco Arzari und Ricovero Verena).

Das Forte Monte Verena lag sechs Kilometer genau in östlicher Richtung des österreichisch-ungarischen Panzerwerkes Lusern und hatte auf dieses und das Werk Verle direkte Sicht. Das Panzer-Werk Verle lag in der Hauptschussrichtung und war primäres Ziel.

Monte Verena war mit vier Panzertürmen ausgestattet, die in einer Linie im Abstand von zehn Metern (Mitte zu Mitte) standen. Der Panzerturm drehte sich auf Kugellagern, die auf der Geschützplattform auflagen. Die Panzerkuppeln bestanden aus 16 Zentimeter dicken Stahlhalbschalen, die aus gehärtetem Gussstahl mit hoher Sprödigkeit gefertigt waren.

Alle Eisenteile wurden verschrottet, heute sind nur noch die Betonfassungen der einstigen Geschütze zu sehen.

Die Kuppeln waren durch einen unterhalb verlaufenden Gang, von dem aus eiserne Treppen mit seitlichen Munitionsaufzügen in die Türme führten, miteinander verbunden. Der Geschützkomplex war mit einem unterirdischen Gang mit den Bereitschaftsräumen der Soldaten und den Munitionsräumen verbunden. Das Hauptmunitionslager lag noch unterhalb des Ganges im gewachsenen Fels und war so vor feindlichem Beschuss absolut geschützt.

Die Decke des Forts bestand aus einer drei Meter dicken Betonschicht. Diese setzte sich aus drei Schichten zusammen, unten und oben jeweils eine etwa 10 Zentimeter dicke hochwertige Betonschicht, dazwischen eine 2,8 Meter breite aus äußerst magerem und minderwertigem Material hergestellte Futterschicht, was katastrophale Auswirkungen bei der Beschießung haben sollte.
Unterkünfte für die Mannschaften und Offiziere gab es in einer unterhalb des Forts an der Zugangsstraße gelegenen, aus zwei Blöcken bestehenden Kaserne. Eine Versorgung mit elektrischem Strom war in der Anlage nicht vorhanden.

Die Bewaffnung

Monte Verena verfügte über folgende Bewaffnung:

- vier 149-mm-A-L/36-Kanonen in Panzerkuppeln
- vier 75-mm-A-Kanonen
- vier Maschinengewehre
- zwei mobile Maschinengewehre

Wegen der außergewöhnlichen Höhenlage konnte nur sechs Monate im Jahr an dem Fort gearbeitet werden, die Fertigstellung zog sich hin und das Fort war im August 1914 noch nicht vollständig bewaffnet und auch im Winter 1914/15 noch nicht besetzt. Am 24. Mai 1915, dem Tag nach der Kriegserklärung Italiens an Österreich-Ungarn, war es jedoch voll einsatzbereit.

Das Kampfgeschehen

Ungesicherten Angaben zufolge feuerte Forte Verena am 24. Mai 1915 um 04:00 Uhr den ersten Schuss im Krieg gegen Österreich-Ungarn.
10 Tage feuerten die Italiener ununterbrochen auf die österreichisch-ungarischen Panzerwerke Lusern und Verle. Die Österreicher waren nicht in der Lage zurück zu schießen – ihre Haubitzen reichten wegen der Gelände-

überhöhung der Italiener nicht an das Forte Verena heran.
Am 4. Juni 1915 ging die zum Deutschen Alpenkorps gehörende Haubitzbatterie 102 mit zwei 15-cm-Feldhaubitzen auf dem Monte Rover (it. Monterovere) in Stellung und begann Verena seinerseits unter Feuer zu nehmen. Sie konnten dem Fort zwar nicht wirklich gefährlich werden, doch gab es Schäden am Bauwerk und Verluste beim Personal, die sich auf die Moral der Besatzung auswirkte.
(Politisch gesehen befand man sich mit diesem Unternehmen, gelinde gesagt, in einer Grauzone, da sich Deutschland mit Italien zu diesem Zeitpunkt noch nicht im Kriegszustand befand. Kein deutscher Soldat durfte die Grenze überschreiten – wohl aber hinüber schießen!)
Der österreichische Generalstab entschloss sich, die bisher in Flandern im Einsatz gewesene Mörserbatterie Nr. 12 mit einem Belagerungsmörser 30,5 cm heranzuführen, um das Forte Verena und die sie umgebenden Batterien zu bekämpfen. Nachdem der Mörser auf der Malga Costa Alta zwischen Lusern und dem Passo Vezzena in Stellung gebracht worden war, begann am 10. Juni 1915 der Beschuss des Fortes Verena. An diesem und am nächsten Tag wurden etwa 30 Schuss abgegeben, ohne jedoch größere Schäden anzurichten.
Am 12. Juni begann der Mörser um 13:45 Uhr erneut auf das Forte Verena zu feuern. Obwohl die Italiener inzwischen die Stellung des Mörsers ungefähr aufgeklärt hatten und mit 28-cm-Haubitzen der Batterie Spelonca delle Neve sowie mit den 14,9-cm-Haubitzen der Batterien Arzari, Mandrielle und auch des Forts auf ihn schossen, feuerte dieser unaufhörlich weiter (in der damaligen Artilleriesprache „langsames Zerstörungsfeuer“ genannt). Gegen 15:00 Uhr durchschlug eine 30,5-cm-Granate mit Verzögerungszünder die Betondecke und explodierte im Magazinraum der 3. Kuppel. Die Explosion tötete 39 Mann sofort (einschließlich des Fortkommandanten, Capitano Truchetti) und verletzte 22 weitere schwer. Zehn der Verwundeten verstarben im Hospital in Asiago, sodass dieser eine Durchschlag 49 Menschenleben forderte.
Am 14. Juni also drei Wochen nach dem ersten Schuss, ließ der neue Fortkommandant Capitano Grill das Fort räumen, da seiner Meinung nach dem 30,5-cm-Mörser nichts entgegenzusetzen war. Verena war jedoch noch nicht gänzlich kampfunfähig und feuerte weiter sporadisch auf die österreichischen

Stellungen. Dies führte dazu, dass auch die Österreicher das Fort bis zur Junioffensive 1916 unter ständigem Störfeuer hielten.

Der Lagebericht

Lagebericht des Capitano Grill an das italienische Armeeoberkommando
Schäden am Forte Monte Verena:

- Ein Loch von etwa 2,5 m Durchmesser in der Decke des Batterie gangs
- Ein Loch von etwa 1 m Durchmesser in der Decke des Magazins der 3. Geschützkuppel
- Drei oder vier Treffer nahe der vierten Kuppel, die riesige Betonbrocken bei der Mannschaftsküche losrissen
- Ein Treffer hat den Eingang des Forts zertrümmert
- 20 oder mehr Treffer auf der Werksdecke, große Schäden
- Vorpanzer der 3. Kuppel ist zerbrochen und herausgerissen

Das Fort ist im derzeitigem Zustand nicht in der Lage, dem Feuer vom Kaliber 30,5 cm zu widerstehen, auch nicht dem Feuer nur mittleren Kalibers.
Capitano Grill, IX° Reggimento Fortezza

Im Winters 1915/16 war das Fort nicht besetzt. Erst ab April 1916 war die Anlage wieder bemannt und kampfbereit. Grund genug für die Österreicher, anlässlich der bevorstehenden Maioffensive dem Fort nunmehr gänzlich den Garaus zu machen. Zu dem bereits vorhandenen 30,5-cm-Mörser kam eine 42-cm-Haubitze M 14 der K.H.B. L/14 Nr. 1 auf der Malga Laghetto (etwa 1 Kilometer südlich des Monte Rover) hinzu.

Am 19. Mai 1916 begann um 15:00 Uhr das Einschießen auf das Fort. Die Beschießung dauerte nur bis zum 23. Mai, dann war das Werk endgültig niedergekämpft.

Ergebnis der Beschießung nach Aufnahme durch den österreichischen Hauptmann im Geniestab Ettore Bertuola:

"Bericht an die 28. ITD mit Datum vom 24. Mai 1916 bezüglich des Zustandes des Fort Verena"

a) Eine genau Trefferzahl ist nicht mehr konstatierbar.
b) Die Beschießung durch die 30,5 cm- und 42 cm-Kaliber zeigen verheerende Auswirkungen auf die Gesamtsubstanz.
c) Kuppel Nr. 1 (rechts von Norden) – Volltreffer. Durchschlagung mit Verzögerungszünder, Lafette und Geschützbrunnen völlig zerstört, Vorpanzer durchschlagen und zertrümmert. Die Kuppel wurde an der Stoßkante hälftig aufgerissen.
d) Kuppel Nr. 2 – Durchschlag von vorn, vordere Kuppelhälfte weg geschleudert, Innenstahlhaut noch weitgehend intakt. Geschütz unbrauchbar.
e) Kuppel Nr. 3 – Abpraller auf der Kuppel, im Inneren große Stahlteile abgesprengt und dadurch Lafette beschädigt. Geschütz unbrauchbar.
f) Kuppel Nr. 4 – Vorpanzer freigelegt, Kuppel noch drehbar, Geschütz noch brauchbar.

Die Betondecke des Kasemattenblocks wie auch des Batteriegangs ist mehrfach durchschlagen. Sehr geringe Widerstandskraft der Eindeckung durch minderwertigen Beton. Ein Volltreffer hat das Kasemattendeck durchschlagen, das Gewölbe durchquert, ist durch die zwei Meter starke Außenmauer (Kehlmauer) gedrungen und hat in dieselbige ein mehr als vier Quadratmeter großes Loch geschlagen.
Das Fort stellt keinen Kampfwert mehr dar.
Bertuola Hptm. m.p.

Quellen:

Robert Striffler: Von Fort Maso bis Porta Manazzo: Bau- und Kriegsgeschichte der italienischen Forts und Batterien 1883-1916 Buchdienst Südtirol E. Kienesberger, Nürnberg 2004, ISBN 3923995245

Rolf Hentzschel: Festungskrieg im Hochgebirge, Athesia, Bozen 2008, Militärwissenschaftliche Mitteilungen (Wien 1933-39)

Viarago
Frassilongo
Canezza
Serso
T. Fersina
Falesina
PÉRGINE
VALSUGANA
(480)
Roveda
Monte Fravort
2347
Monte Collo
1824
Torcegna
Ronchi
Valsugana
Telve
di Sopra
Borgo
Valsugana
(385)
Rif.Panarotta
Vetriolo
Terme
Vignola
S.Cristóforo
L.di Caldonazzo
Roncegno
(515)
47
13
Márter
Olle
Novaledo
(505)
Lévico
Terme
L.di Lévico
Tenna
Selva
F. Brenta
Colle della Stanga
1535
T. Moggio
Barco
Sella
Caldonazzo
(480)
2228
2341
Cima Dódici
Cima Mandriolo
2049
T. Centa
2307
Cima Pórtule
Cima C
di Campo
2129
Centa
S.Nicolò
M.Cimòn
1486
Rifúgio Cima Lárici
Albergo Lárici
Bertoldi
Rifúgio
Campo Ga
Virti
Lavarone
Gionghi
T. Assa
Val
Albergo
Chiesa
Cappella
M.Verena
2015
349
M.Meatta
1897
Nosellari
Belvedere
Luserna
Busatti
Carotte
Rif.Verenetta
Chiechi
Pedemonte
Longhi
Lastebasse
Scálzeri
Posta
Val d'Assa
Al
Casotto
Lucca
le Fratte
Alpe
Fiorentini
Costa d'Agra
1822
San Pietro
d' Ástico
Valdástico
350
M.Ério
1628
Roana
(940)
Camporovere
Altopiano
1855
M. Campomolòn
Sóglio
Mezzaselva
Grotti
Valle
Tonezza
d.Cimone
Albaredo
Rotzo
Campoluzzo
-Sup.
M.Toraro
1897
Tonezza
-di Mezzo
T. Assa
Canove
Castelletto
dei Se
M.Tormeno
1292
-Inf.
Dosso
Cavrari
Rifúgio
Rossa
Campana
Pedescala
Fiorentini
Scatolari
Molini
Facci
Brunneli
Barcarola
Fondi
Tresche
Cesuna
Draghi
24
freytag & berndt
Rifúgio
al Granatiere
Rifúgio
Boscon

R05 Val di Assa

✱✱

Land: Italien, Gebiet: Venetien
Ausgangspunkt: Ghértele
Endpunkt: Passo die Vezzena

Fahrzeugklassen FZK	Schwierigkeit SG	Zeitbedarf Stunden	Kilometer Gesamt	Kilometer Offroad	Reisezeit Monat
1-3	2	2	16,2	13,7	05 - 10

Vom Monte Verena (Route 04) Richtung Folgaria bietet sich statt der Asphaltstraße durchs Tal dieser Schotterweg an. Die Piste ist nur wenig befahren, führt durch Nadelwald und über Almwiesen nach Lusern. Die Route lohnt nur in Verbindung mit **Route 04** und **Route 06** (Strada della Cucca), zur Anfahrt siehe dort.
Von Oktober bis Mai kann Schnee liegen.

Anfahrtsbeschreibung

Von Asiego fahren wir auf der SP 349 Richtung Folgaria und biegen bei dem Gasthaus Ghértele links bei einem großen Picknickplatz auf eine Piste Richtung Malga Pusterle ab, **WP 05ax01** (km-Stand 0). In einigen Kehren führt die breite und einfach zu befahrende Piste mit quer zur Fahrbahn verlaufenden Wasserablaufrinnen durch Nadelwald bergauf, SG 1.
An der Malga Pusterle vorbei, **WP 05ah02**, erreichen wir einen Abzweig nach rechts, der bei der Osteria Termine wieder auf die Asphaltstraße trifft, der Weg ist für Fahrzeuge gesperrt, **WP 05ax03**.
Kurz darauf treffen wir auf eine Asphaltstraße, **WP 05ax04**, die links zum Parkplatz der Sesselliftstation des Monte Verena führt. Wir folgen der Straße rechts weiter, kommen an einem Bauernhof vorbei und haben bald wieder Schotterbelag unter den Rädern, **WP 05at06**. Im weiteren Verlauf führt die Piste aus dem Wald heraus und gibt eine schöne Sicht in die Landschaft frei. An der folgenden Kreuzung fahren wir geradeaus weiter, **WP 05ax07**. Rechts ist eine Almhütte und ein Picknickplatz, die Piste wird etwas schmaler und schlechter, SG 2. Bei **WP 05aw08** kommen wir an einer Krieg-Gedenkstätte mit einem eisernen Kreuz vorbei. Es gehen noch einige Wege zu Bauernhöfen ab, bei **WP 05ax12** treffen wir auf eine schmale Asphaltstraße, der wir nach links folgen, Endpunkt, km-Stand 16,2. Im Rückspiegel sehen wir, dass in entgegen gesetzter Richtung ein Verbotsschild steht, welches man mit „Anlieger frei“ übersetzen kann. Über Lusern trifft die Straße ca. 3 km nördlich dem Passo di Vezzena wieder auf die SP 349.

Mit Wetterumstürzen und Frühnebel muss in den Bergen immer gerechnet werden.

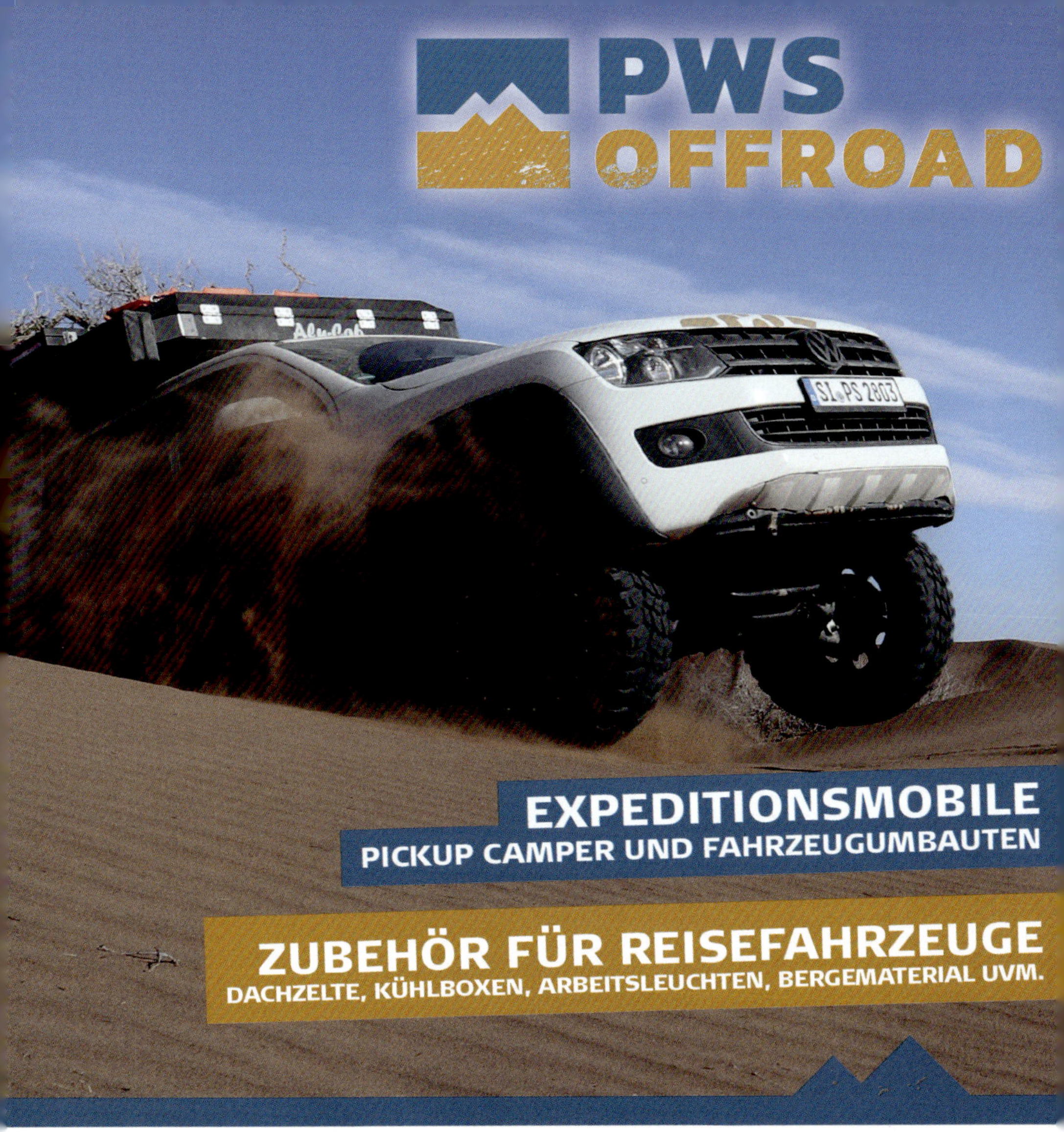
PWS
OFFROAD
SI PS 2803
EXPEDITIONSMOBILE
PICKUP CAMPER UND FAHRZEUGUMBAUTEN
ZUBEHÖR FÜR REISEFAHRZEUGE
DACHZELTE, KÜHLBOXEN, ARBEITSLEUCHTEN, BERGEMATERIAL UVM.

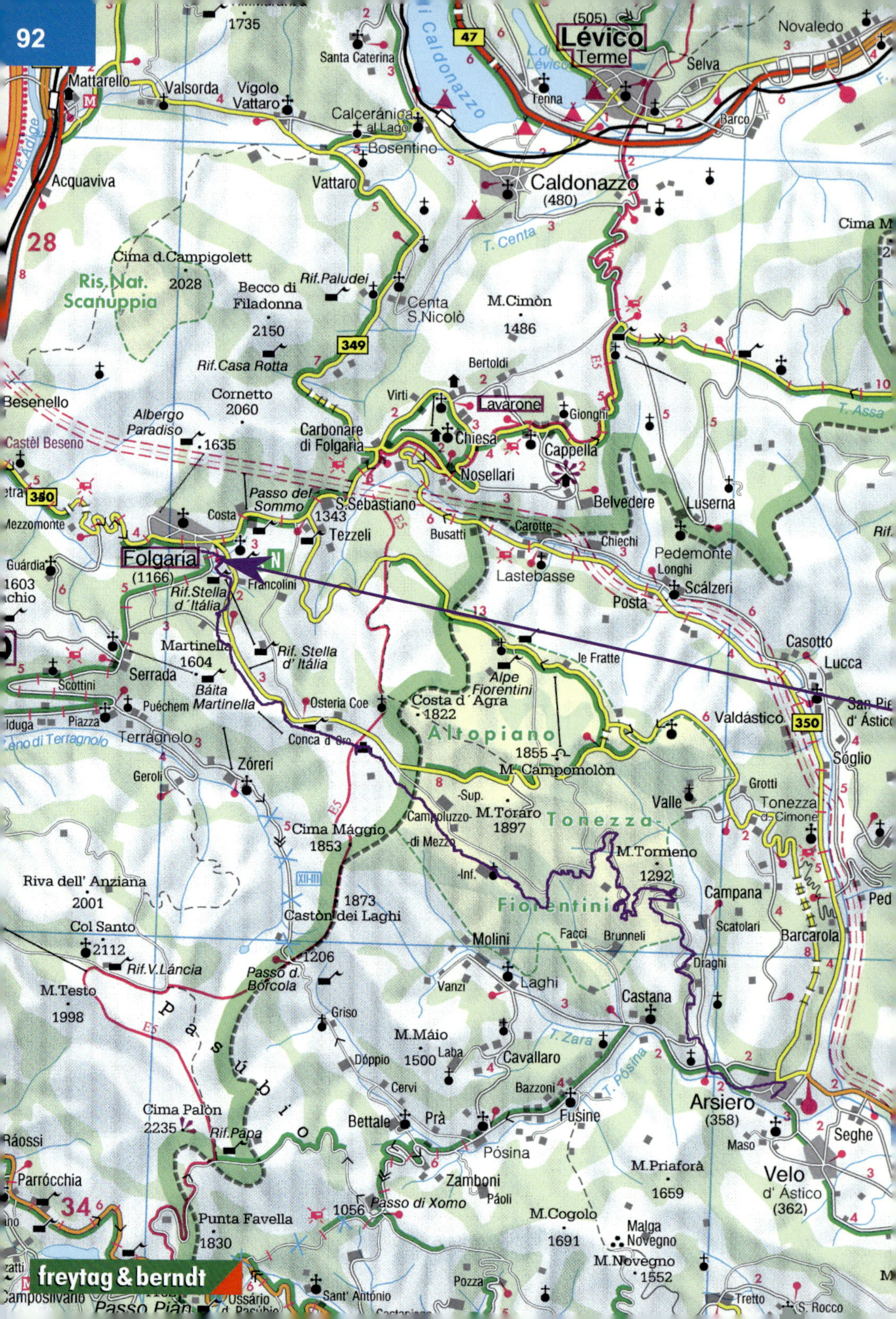
Lévico Terme
(505)
Novaledo
Selva
Barco
L. di Lévico
Tenna
L. di Caldonazzo
Santa Caterina
1735
Mattarello
Valsorda
Vigolo Vattaro
Calcerànica al Lago
Bosentino
Acquaviva
Vattaro
Caldonazzo
(480)
T. Centa
Cima M
28
Cima d.Campigolett
2028
Ris. Nat. Scanuppia
Becco di Filadonna
2150
Rif.Paludei
Centa S.Nicolò
M.Cimòn
1486
349
Rif.Casa Rotta
Bertoldi
Cornetto
2060
Virti
Lavarone
Gionghi
T. Assa
Besenello
Albergo Paradiso
1635
Carbonare di Folgaria
Chiesa
Cappella
Castèl Beseno
Nosellari
350
Passo del Sommo
1343
S.Sebastiano
Belvedere
Luserna
Mezzomonte
Costa
Tezzeli
Busatti
Carotte
Chiechi
Folgaria
(1166)
Lastebasse
Pedemonte
Longhi
Scàlzeri
Guàrdia
1603
Francolini
Rif.Stella d'Itàlia
Posta
Casotto
Lucca
Martinella
1604
Rif. Stella d' Itàlia
le Fratte
San Pietro d' Àstico
Serrada
Scottini
Bàita Martinella
Alpe Fiorentini
Costa d'Agra
1822
Valdàstico
350
Piazza
Puèchem
Osteria Coe
Altopiano
Terragnolo
Conca d'Oro
1855
M. Campomolòn
Sóglio
Geroli
Zóreri
Sup.
Campoluzzo-di Mezzo
M.Toraro
1897
Tonezza
Grotti
Tonezza d.Cimone
Valle
Cima Màggio
1853
Inf.
M.Tormeno
1292
Riva dell' Anziana
2001
1873
Castòn dei Laghi
Fiorentini
Campana
Scatolari
Barcarola
Col Santo
2112
Rif.V.Láncia
1206
Molini
Facci
Brunneli
Draghi
M.Testo
1998
Passo d. Borcola
Vanzi
Laghi
Castana
Griso
M.Màio
1500
Laba
T. Zara
Pasubio
Dóppio
Cavallaro
T. Pòsina
Arsiero
(358)
Cervi
Bazzoni
Cima Palòn
2235
Rif.Papa
Bettale
Prà
Fusine
Seghe
Ràossi
Maso
Pósina
M.Priaforà
1659
Parròcchia
34
Zamboni
Velo d' Àstico
(362)
Pàoli
1056
Passo di Xomo
M.Cogolo
1691
Punta Favella
1830
Malga Novegno
M.Novegno
1552
freytag & berndt
Pozza
Sant' Antònio
Ossário d. Pasubio
Camposilvano
Passo Pian
Tretto
S. Rocco
E5
47

R06 Strada della Cucca

✱✱✱✱

Land: Italien, Gebiet: Venetien
Ausgangspunkt: Folgaria
Endpunkt: Arsiero

Fahrzeugklassen FZK	Schwierigkeit SG	Zeitbedarf Stunden	Kilometer Gesamt	Kilometer Offroad	Reisezeit Monat
1	2	6	33,7	9,0	05 - 10

Schneefall ist von Anfang Oktober bis Mitte Mai möglich.

Von der Strada della Cucca bieten sich einmalige Fernblicke in die Ebene nach Venetien. Die wenig befahrene Piste hat kaum Steigungen bzw. Gefälle, bietet aber trotzdem einigen Fahrspaß für den Geländefahrer. Sie führt an bizarren Felsentürmen vorbei und eng an einem Felshang entlang.

Achtung

Auf der Anfahrt sowie auch am Endpunkt der Strecke steht ein Verbotsschild für die beschriebene Strecke. Bei dem Schild fehlt der sonst in der Region übliche Hinweis auf den Paragraphen aus dem Landesgesetz, weshalb man davon ausgehen kann, dass es sich um einen Haftungsausschluss handelt.

Anfahrt

Wird die Route mit den Routen 2, 3 und 4 kombiniert, kann die Anfahrt über die Route 5 (Val d' Assa) gewählt werden, siehe dort. Von Norden kommend fährt man über Autobahn A22 von Bozen über Trento Richtung Rovereto und biegt bei Calliano auf die SS 350 nach Folgaria ab.

Routenbeschreibung

Ein schmaler Schotterweg führt zunächst über Almmatten.

In Folgaria (1.173 m) fahren wir im Kreisverkehr, **WP 06ax01**, Richtung Passo Coe (1.608 m) ab (SP 143). Ca. 1,5 km nach der Passhöhe biegen wir rechts auf eine geschotterte Piste ab, **WP 06ax03** (km-Stand 8,3). An der Malga Zonta (Malga = Almhütte) vorbei verläuft der Weg zunächst parallel zur Asphaltstraße. Bei **WP 06ax04** geht links ein Abzweig zur Malga Campoluzzo, wir fahren geradeaus weiter und passieren zweimal ein Viehgatter. Wir kommen aus dem Wald heraus und treffen bei einer Schranke auf das oben beschriebene Fahrverbotsschild, zusätzlich ein Verbotsschild für Fahrzeuge über 2 t, **WP 06ax05.**

Der interessante Teil

Jetzt beginnt der interessante Teil der Strecke, der nur sehr wenig befahren wird. Oft dicht an die Felswand gedrängt führt die soeben fahrzeugbreite Piste an bizarren Felsentürmen vorbei und gibt eine einmalige Fernsicht in die Ebene frei, SG 3. Durch einen kurzen Felsentunnel geht es an der senkrechten Felswand entlang, hier besteht die Gefahr von Steinschlag, Ausweichstellen für den Gegenverkehr gibt es nicht bis zum Passo della Pianella (1.380 m), **WP 06ax06**, wo wir auf eine Piste treffen. Nach links führt der Weg bergauf und trifft hinter dem Passo di Valbona wieder auf die SP 143/SP 92.

Wir fahren rechts im Wald bergab, die Piste ist breit und in gutem Zustand, mit einigen kurzen betonierten Abschnitten, wieder SG 1. Bei **WP 06ax08** geht ein Abzweig nach links zur Malga Zolle di Dentro ab, die Almhütte liegt unter dem Monte Tormeno. Der Schotterweg geht bei **WP 06at12** wieder in Teerbelag über.

Im Tal angekommen, fahren wir bei der Gabelung, **WP 06ax13** links weiter. Hier steht ein großes Verbotsschild (vermutlich der o.g. Haftungsausschluss), für die Strada della Cucca, während die Fahrt zur Malga Toraro frei befahrbar ist. Endpunkt ist die Ortsmitte von Arsiero (342 m), **WP 06ae17** (km-Stand 33,7).

Val di Bondone
Dosso dei Morti
2183
Malga Giuggia
Breguzzo
Bondone
Bondo
Roncone
Fontanedo
Lardaro
Altissimo
2127
Gaverdina
2047
Daone
Praso
Agrone
Bersone
Creto
Pieve di Bono
Por
Cologna
Castel Romano
Prezzo
Marese
2101
Castèl Condino
Cimego
Cima Palone
1635
Brione
Condino
M.Cádria
2254
Concei
Valle dei Concei
Palò
Rif.Faggio
Tofino
2151
Corno di Pichea
2138
Lenzuno
Enguiso
Cima Pari
1988
Bezzecca
di Sotto
Tiarno
di Sopra
Locca
Pieve di Ledro
T.Massangla
Cima d´Oro
1802
Mezzolago
Val di Ledro
L.di Ledro
Molina di Ledro
Barcesino
Legos
Prè di Ledro
Biacesa di Ledro
Ris.Nat. Lago d´Ámpola
Cima Casetta
1748
Rif.Ampola
Valle d'Ámpola
M.Stigolo
1699
Storo
(388)
exforta Ámpola
Valle di Lorina
Rif.Garibaldi
M.Nota
1384
M.Tremalzo
1974
Rif.Tremalzo
M.Carone
1621
Pregasina
Cima Spessa
1820
Rif.Alpo
Bastei
Valle di San Michele
1528
P. Molvina
Valle di Bondo
1402
M.Zenone
1424
M.Caplone
1977
Tremosine
Vésio
Villa
Voltino
S. Pietro
Limone sul Garda
Gardesana Occidentale
Parco Regionale dell Alto Garda Bresciano
Magasa
Rif.Cima
Armo
M.Púria
1476
Cádria
Priezzo
Sermério
Pieve
Cima di Mughera
1345
Valvestino
Turano
Moerna
Arias
Pregásio
Prabione
Campione del Garda
Tignale
Mad. d. M. Castello
Gárdola
Forbisicle
Oldesio
Costa
Mignone
Valle Vione
M.Denervo
1460
Piòvere
Briano
Muslone
Lago di Valvestino
M.Alberelli
1167
Valle Toscolano
Gargnano
(98)
Sasso
San Giácomo de Calí
Formaga
Navazzo
Zuino
Villa
Bogliaco
Fornico
M.Pizzócolo
1582
Mornaga
Blegio Superiore
Balbido
Cavrasto
Dasindo
Vigo Lomaso
Lundo
Fiavè
Stumiaga
Favrio
Ris.Nat. Lomasona
Val di Lomasone
Brento
1545
San Giovanni
Ballino
1612
Dro
(123)
M.Misone
1803
Biaina
1413
Ceniga
Treni
Rif.S.Pietro
L.di Tenno
Ville del Monte
Padaro
Arco
(91)
Cálvola
Varignano
Vigne
Tenno
Frapporta
Pranzo
Rif.Grassi
Cologna
Gavazzo
Deva
Campi
Varone
Albola
RIVA DEL GARDA
(78)
M.Brione
374
Marmitte del Gi
Nago
Torbole
Castello Penede
Cascata del Ponale
Punta Corna del Bo
Dos.
Gardesana Orientale
Tempesta
M.Varagna
1780
M.Altissimo di Nago
2079
Rif.Chiesa
Ris.Nat. Gardesana Orientale
Navene
Campagnola
Bocca di Navene
1425
S. Valentino
la Colma
1783
Baldo Val di Monte
M.Dossioli
1518
Malcesine
(90)
Val di Sogno
Í.d.Olivo
Í.Sogno
Ris.Nat. Lastoni Selva Pezzi
Mad. d. Neve
Cassone
Cima Valdritta
2218
Rif.M.Baldo
Í.Trimelone
Assenza
Sommavilla
Borago
Porto di Brenzone
Castello di Brenzone
Magugnano
M.Cerbiolo
1559
M.Maggiore
Rif. Telegrafo
2200
Cavallo di Novezza
Rif.Novezzina
Brenzone
Marniga
Monte Baldo
Coàl Santo
2074
Cambrigar
Mezzavilla
Rif. Chierego
Castelletto di Brenzone
Fazór
Biazza
Belluno Veronese
Brentino Belluno
Ferrara di Monte Baldo
Rif.Cornetto
Senaga
Rif.Mondini
Punta di Náole
1660
M.Castello
987
Prada
Villanova
Pai
Fraine di Sopra
M.Come
1017
Rivalta
Mad. d. Corona
Peri
Garda o Benaco
freytag & berndt

R07 Passo di Tremalzo Nebenstrecke ✱✱✱

Land: Italien, Gebiet: Trentino
Ausgangspunkt: Val di Ledro
Endpunkt: Tremósine, Gardasee

Fahrzeugklassen FZK	Schwierigkeit SG	Zeitbedarf Stunden	Kilometer Gesamt	Kilometer Offroad	Reisezeit Monat
1	2	6	43,2	14,6	05 - 10

Die südliche Abfahrt vom Passo di Tremalzo mit ihrer einzigartig angelegten Trasse in einem bizarren Felsengebirge ist seit Herbst 2015 für motorisierte Fahrzeuge aller Art gesperrt und somit den Mountainbikern vorbehalten. Wir beschreiben eine alternative Route vom Pass über Val St. Michele hinab zum Gardasee, die allerdings vom Offroad Fahrspaß und der Felsenlandschaft nicht mit der Originalstrecke mithalten kann.

Routenbeschreibung

Von Riva del Garda biegt man ab auf die SS 240, Val di Ledro. Die Auffahrt zum Pass aus dem Ledrotal ist asphaltiert und zweispurig ausgebaut, beim Gasthaus Ampola (738 m) biegen wir von der SS 24 ab auf die SP 127 (Schild „Passo di Tremalzo“), **WP 07ax01** (km-Stand 0). Über breit angelegte Serpentinen geht es im Wald bergauf. Wir kommen im oberen Bereich an einigen Ferienhäusern vorbei und erreichen die Passhöhe (1.707 m) bei einem Gasthaus (Rifugio Garda), **WP 07ax04** (km-Stand 13,1). Geradeaus führt die Originalabfahrt nach 1,7 km durch den Scheiteltunnel. Ein deutliches Verbotsschild weist auf die Sperrung der Piste hin. Wir biegen rechts ab auf die Alternativ-Route und erreichen nach einigen Serpentinen das Gasthaus „Alpe die Garda“. Bei gutem Wetter bietet sich von hier aus ein guter Fernblick auf den Gardasee.

Allmählich führt die Piste bergab, einfach zu befahren, nur wenige Auswaschungen. Wir kommen an einem schönen Wasserfall vorbei, **WP 07ax08**, der Weg verläuft nun größtenteils im Wald, der nur wenige Ausblicke freigibt. An einem alten Steinhaus fahren wir über eine kleine Brücke, an der Gabelung biegen wir rechts ab, **WP 07ax11**, wir sind im Tal, Val St. Michele, und wieder auf Asphalt unterwegs.

Durch den Ort Vésio fahren wir rechts die Hauptstraße weiter, **WP 07ax15**, die Straße führt kurvenreich am Hang oberhalb des Gardasees hinab.

Der Wasserfall ist ein Highlight an der Strecke.

Brasaschlucht

In Pieve biegen wir an der Gabelung in der Ortsmitte, **WP 07ax18**, links ab, um durch die sehenswerte Brasaschlucht hinab zum Gardasee zu gelangen. Die teils nur fahrzeugbreite Straße (max. Breite 2,20 m, max. Höhe 3 m) führt durch die Schlucht hindurch, bei Gegenverkehr muss man notfalls rückwärts bis zu einer Ausweichstelle fahren.

Die Straße, die dem kleinen Flüsschen Brasa von Tremosine hinunter zum Gardasee folgt und dabei teilweise förmlich an die Felsen geklebt ist, trägt auch den Namen Strada della Forra. Zweifellos gehört dieses enge Sträßchen zu den 10 schönsten Straßen der Welt: Das stellte sogar Winston Churchill fest, der die Straße als „das 8. Weltwunder" bezeichnete.

Durch einen Tunnel fahren wir am Felshang entlang und treffen bei Tremósine auf die Uferstraße, die am Gardasee entlang führt, Endpunkt der Route, **WP 07ax19** (km-Stand 43,2). Links geht es nach Riva, rechts nach Salo.

Zusatzinformation

Der Tremalzopass wurde von der österreichisch-ungarischen Armee zur Versorgung von militärischen Einrichtungen und Stellungen im Zuge des Ausbaues der Festung Trient im so genannten Gebirgskrieg während des ersten Weltkriegs angelegt. Allen alpinen Militärsträßchen ist gemein, dass die Eignung zum Transport schwerer Geschütze einen guten Untergrund erforderlich machte. Die kühn in den Felsen angelegte Südflanke ist nach wie vor in einem recht guten Zustand, sie ist nun, da die Strecke gänzlich für Motorräder und Autos gesperrt ist, bei Mountainbikern sehr beliebt.

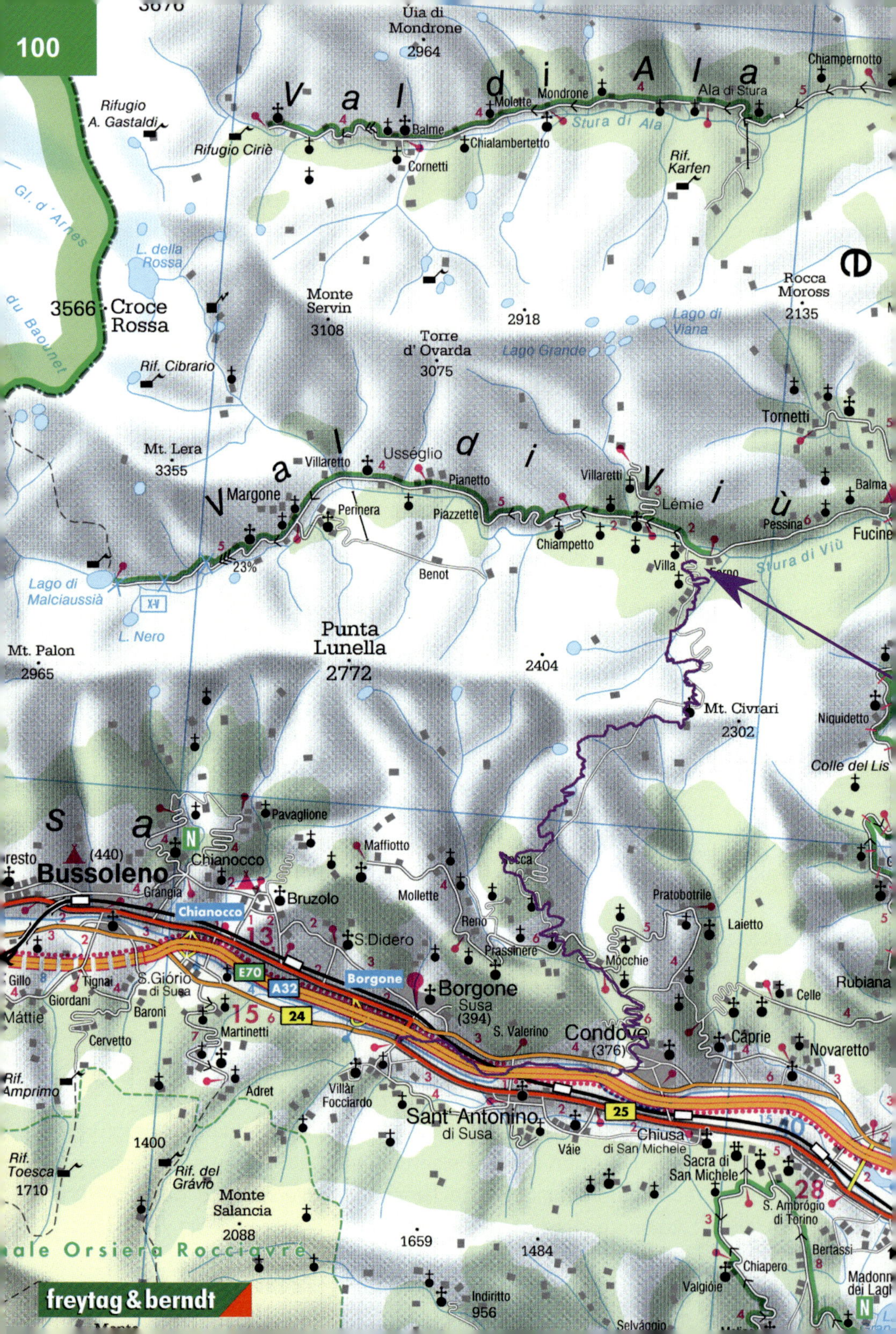

Úia di Mondrone
2964
Val di Ala
Chiampernotto
Mondrone
Ala di Stura
Molette
Balme
Stura di Ala
Rifugio A. Gastaldi
Rifugio Ciriè
Chialambertetto
Cornetti
Rif. Karfen
Gl. d'Arnes
L. della Rossa
3566 Croce Rossa
du Baounet
Monte Servin
3108
Torre d'Ovarda
3075
2918
Lago Grande
Lago di Viana
Rocca Moross
2135
Rif. Cibrario
Tornetti
Mt. Lera
3355
Val di Viù
Villaretto
Usséglio
Pianetto
Villaretti
Lémie
Balma
Margone
Perinera
Piazzette
Chiampetto
Pessina
Fucine
Benot
Villa
Stura di Viù
23%
Lago di Malciaussià
L. Nero
Punta Lunella
2772
2404
Mt. Palon
2965
Mt. Civrari
2302
Niquidetto
Colle del Lis
Pavaglione
Maffiotto
(440)
Bussoleno
Chianocco
Gràngia
Bruzolo
Mollette
Pratobotrile
Laietto
Chianocco
Reno
S.Didero
Prassinere
Mòcchie
Gillo
Tignai
S.Giòrio di Susa
E70
A32
Borgone
Borgone Susa
(394)
Celle
Rubiana
Giordani
Baroni
Màttie
24
S. Valerino
Condove
(376)
Càprie
Novaretto
Cervetto
Martinetti
Rif. Amprimo
Adret
Villar Focciardo
Sant' Antonino di Susa
25
Chiusa di San Michele
Vàie
Sacra di San Michele
1400
Rif. Toesca
1710
Rif. del Gràvio
Monte Salancia
2088
S. Ambrògio di Torino
Bertassi
ale Orsiera Rocciavre
1659
1484
Chiapero
Valgiòie
Madonna dei Lagl
Indiritto
956
Selvàggio
freytag & berndt

R08 Colle del Colombardo

✱✱✱✱

Land: Italien, Gebiet: Piemont
Ausgangspunkt: Vella, Val di Viù
Endpunkt: Susatal, SS 25 bei Condove

Fahrzeugklassen FZK	Schwierigkeit SG	Zeitbedarf Stunden	Kilometer Gesamt	Kilometer Offroad	Reisezeit Monat
1-3	3 (4)	6	39,3	18,7	06 - 10

Schwierigkeitsgrad: FZK: 1+2 = SG 3, FKZ 3 = SG 4
Offizielle Wintersperre: 1. Nov. bis 31. Mai für die Scheitelstrecke

Die Route eignet sich gut als Start für eine Tour im Piemont, da sie zum einen einfach zu befahren ist und zum anderen auf halbem Weg zwischen Turin und Susa liegt. Auf dem Pass hat man eine hervorragende Aussicht nach Norden auf einige Firngipfel. Am Wochenende sind hier viele Ausflügler und Wanderer unterwegs.

Anfahrt

Von Torino, A 55, Abfahrt auf die SP 1 nach Lanzo Torinese, weiter auf die SP 32 durch das Val di Viù bis nach Vella.

Routenbeschreibung

Der Einstieg ist nicht so leicht zu finden, da in beiden Tälern kaum Hinweisschilder stehen. Wir bezwingen den Colle del Colombardo von Nord nach Süd. Von Viù kommend ist am Ortseingang des kleinen Dorf Vella (867 m) ein Abzweig nach links, dem wir folgen, **WP 08ax01** (km-Stand 0), (mehrere Ortschilder, u.a. San Antonio). Die 1 ½ Spuren breite Asphaltstraße windet sich über zahlreiche Kehren, die breit angelegt sind, durch Mischwald bergauf. Es geht an einigen alten Steinhäusern vorbei, die teilweise noch bewohnt sind. Bei **WP 08at04** endet der Asphaltbelag (km-Stand 4,0).

Die Auffahrt zum Colle del Colombardo ist, sofern man den Einstieg in die Piste gefunden hat, einfach. Der breite Schotterweg ist auch ohne Allradantrieb möglich.

Die geschotterte Piste ist gut zu befahren, mit einigen Ablaufrinnen und Auswaschungen, SG 1. Die umliegenden Almen betreiben Schafzucht, daher trifft man oft auf große Schafherden. Auf dem Pass (1.894 m) steht eine aus Stein gemauerte Kirche, **WP 08aw05** (km-Stand 10,0), die auch als Schutzraum für Wanderer und Hirten dient. Bis hier her fahren vor allem am Wochenende auch viele Ausflügler mit ihrem Pkw.

Die Weiterfahrt nach der Kirche führt über eine schmale Erdpiste (Schild: Scheitelübergang vom 01. Nov. Bis 31. Mai gesperrt). Hier wird etwas mehr Können vom Fahrer gefordert. Auf dem ersten Stück befinden sich kaum Ausweichmöglichkeiten, man sollte sein Fahrzeug auch rückwärts gut beherrschen können. Für FZK 1 u. 2 stellenweise SG 3, für FZK 3 = SG 4. Die Piste steigt noch weiter an, den höchsten Punkt der Strecke erreichen wir bei

WP 08aw06 auf 2.094 Meter.

Die Abfahrt führt vorbei an schönen Almwiesen, ab **WP 08aw08** (km-Stand 19,4) ist die Piste etwas breiter und in besserem Zustand mit einigen alten Teerresten, wieder SG 1.

Hat man das etwas steinige Stück der Passhöhe überwunden, wird die Piste wieder besser.

Bei **WP 08at09** beginnt der Asphaltbelag, wir kommen an einzelnen, bewohnten Häusern vorbei, in zahlreichen Kehren geht es bergab. An der Gabelung, **WP 08ax10**, fahren wir links weiter. Hier steht ein Holzschild „Colombardo", das einzige, das wir entdeckt haben.

Kurz vor Condove sind wir im Susatal, im Kreisverkehr, **WP 08ax14**, fahren wir Richtung Susa und treffen im nächsten Kreisverkehr auf die SS 25, **WP 08ax15**, Endpunkt der Route, km-Stand 39,3. Rechts geht es nach Susa, links nach Turin.

Möchte man die Strecke in umgekehrter Richtung fahren, ist der Einstieg etwas schwierig zu finden, hinter dem Ort Condove biegt man im Kreisverkehr, **WP 08ax14**, links ab.

Die Piste über den Colle del Colombardo bietet immer wieder eine gute Aussicht auf die Bergwelt.

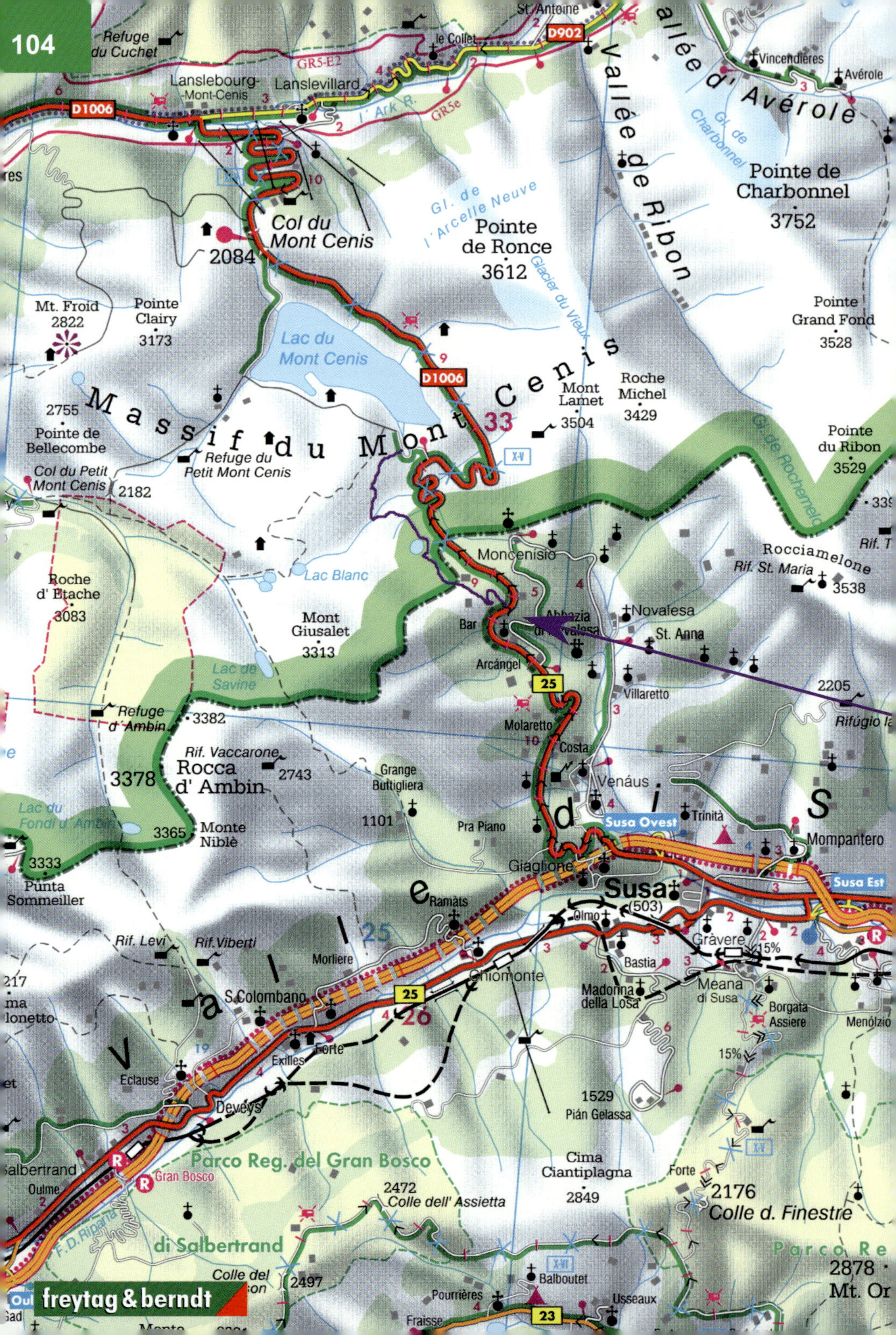

Refuge du Cuchet
St. Antoine
le Collet
D902
Vallée d' Avérole
Vincendières
Avérole
Lanslebourg-Mont-Cenis
Lanslevillard
D1006
GR5-E2
GR5e
l' Ark R.
Vallée de Ribon
Gl. de Charbonnel
Pointe de Charbonnel
3752
Gl. de l' Arcelle Neuve
Pointe de Ronce
3612
Glacier du Vieux
Col du Mont Cenis
2084
Mt. Froid
2822
Pointe Clairy
3173
Lac du Mont Cenis
Pointe Grand Fond
3528
Massif du Mont Cenis
Mont Lamet
3504
Roche Michel
3429
33
2755
Pointe de Bellecombe
Refuge du Petit Mont Cenis
Col du Petit Mont Cenis
2182
Gl. de Rochemelon
Pointe du Ribon
3529
Moncenisio
Rocciamelone
Rif. St. Maria
3538
Lac Blanc
Roche d' Etache
3083
Mont Giusalet
3313
Abbazia di Novalesa
Novalesa
St. Anna
Bar
Arcàngel
25
Lac de Savine
2205
Rifúgio
Villaretto
Refuge d' Ambin
3382
Molaretto
Costa
Rif. Vaccarone
2743
Rocca d' Ambin
3378
Grange Buttigliera
Venáus
Lac du Fond d' Ambin
1101
Pra Piano
Trinità
3365
Monte Niblè
Susa Ovest
Mompantero
3333
Punta Sommeiller
Giaglione
Susa
(503)
Susa Est
Ramàts
Olmo
Gràvere
Rif. Levi
Rif. Viberti
Morliere
Bastia
15%
Chiomonte
Meana di Susa
S. Colombano
Madonna della Losa
Borgata Assiere
Menolzio
26
Exilles
Forte
Eclause
15%
Deveys
1529
Pián Gelassa
Salbertrand
Oulme
Parco Reg. del Gran Bosco di Salbertrand
Gran Bosco
F.D. Riparia
Cima Ciantiplagna
2849
Forte
2176
Colle d. Finestre
2472
Colle dell' Assietta
Colle del
2497
Balboutet
Parco Re
2878
Mt. Or
Pourrières
Fraisse
Usseaux
23
freytag & berndt

R09 Lac de Roterel

***

Land: Italien/Frankreich, Gebiet: Savoyen
Ausgangspunkt: Bar Cenisio
Endpunkt: Lac du Mont Cenis

Fahrzeugklassen FZK	Schwierigkeit SG	Zeitbedarf Stunden	Kilometer Gesamt	Kilometer Offroad	Reisezeit Monat
1	4	2	8,8	8,8	06 - 09

Schneefall ist von Mitte September bis Anfang Juni möglich.
Besonderheit: Gefahr von Kratzern im Lack durch Büsche

Die teils sehr holprige Piste war der ehemalige Versorgungsweg für die Forts am Lac du Mont Cenis. Sie führt über eine kurze, aber straßenbautechnisch interessante Serpentinenstrecke vorbei an mehreren kleinen Bergseen zum Lac du Mont Cenis, ist nur wenig befahren und daher etwas zugewachsen. Kombinationsmöglichkeit mit **Route 10** (Lac du Mont Cenis) und **Route 11** (Col de la Met).

Achtung

Zum Fahrverbot gibt es leider keine klare Aussage. Im Befahrungsjahr haben wir keine Verbotsschilder entdeckt und sind die Strecke ohne Probleme gefahren. Freunde von uns sind ca. drei Wochen später hier unterwegs gewesen (in umgekehrter Richtung von Frankreich kommend), wurden von der französischen Polizei angehalten und mussten eine Geldstrafe von 150,- € zahlen. Laut der Information einer Befahrung im Sommer 2020 steht von italienischer Seite kommend lediglich ein Schild, dass es sich um eine Privatstraße handelt. Beim Einstieg von Frankreich aus wurde mittlerweile ein neues Fahrverbotsschild angebracht.
Das heißt, die Strecke darf nur in der beschriebenen Richtung befahren werden. Bisher haben wir kein Feedback erhalten, dass jemand eine Strafe gezahlt hat, wenn er die Piste von Italien aus angefahren ist.

Hinweis

Im Jahr 2021 gab es erstmals vom 19.06. bis zum 10.09. ein generelles Fahrverbot für den Weg rund um den Lac du Mont Cenis. Ob diese Regelung zukünftig jeden Sommer gilt, bleibt abzuwarten. Wir werden im Downloadbereich des Tourenbuchs aktuell berichten.

Anfahrt / Routenbeschreibung

Von Torino fährt man die A 32 bis zur Abfahrt Susa. In Susa auf die SS 25 abbiegen, Richtung Col du Mont Cenis.

Auf dem Weg zum Lac de Roterel folgt eine bautechnisch sehr interessante Gruppe von vier engen Kehren mit hohen Stützmauern. Der Untergrund ist hier und auf dem folgenden Teil der Strecke stellenweise sehr grob und bis auf den Fels ausgewaschen.

Am Ortsausgang von Bar Cenisio (1.492 m) bei einem weißen kleinen Häuschen biegen wir scharf links ab, **WP 09ax01** (km-Stand 0). Der einspurige Schotterweg mit alten Teerresten, SG 1, führt durch Nadelwald hinauf zu einer Fischerhütte am Lago d'Arpon (1.836 m). Bei der Gabelung, **WP 09ax03** fahren wir links weiter, am See entlang. Hinter dem See steht ein Hinweisschild (kein Verbotsschild) „Chaussée privée".

Es folgt eine kurze, grob geschotterte Serpentinenstrecke mit hohen Stützmauern, SG 2. Danach wird der Weg schlechter und noch holpriger, SG 3.

Vorbei an dem kleinen Bergsee Lac de Roterel (eigentlich nur ein Tümpel) kommen wir aus dem Wald heraus, die Piste führt über sehr grobe Pflastersteine eng an harten Büschen vorbei, sie ist über ein langes Stück etwas zugewachsen, daher besteht die Gefahr von Kratzern im Lack. Wir bezwingen im weiteren Verlauf drei Engstellen kurz hintereinander, dicht an großen Felsbrocken vorbei, das Fahrzeug passt soeben hindurch, SG 4.

Es geht über eine kleine Steinbrücke und über mehrere Bachfurten, die meistens ausgetrocknet sind.

Die Schotterpiste bietet schöne Fotomotive am Bergsee Lac de Roterel.

Die Piste erfordert an einigen Stellen Geschick oder hohe Bodenfreiheit, um nicht auf großen Steinen aufzusitzen.

Der letzte Teil der Piste ist wieder etwas besser zu befahren, wir kommen an einen Kreuzungspunkt, **WP 09ax05**, und fahren rechts weiter, ab hier wieder SG 1. Im Befahrungsjahr stand ein Bauzaun in unsere Richtung, der aber zur Seite gerückt war. Ein Verbotsschild haben wir hier nicht entdeckt. (Links geht ein schmaler Fahrweg hoch zum Mont Malamot, geradeaus der Weg führt zum Fort de Pattacreuse, beide Pisten sind gesperrt, entsprechende Verbotsschilder.)

An einigen Stellen besteht Gefahr, dass die Äste der Büsche Kratzer in den Lack ziehen.

Bei **WP 09ax06** (km-Stand 8,8), Endpunkt, treffen wir auf die südliche Umfahrung des Lac du Mont Cenis, siehe Route 10a. Weitere Kombinationsmöglichkeit mit der Route 11, Col de la Met, dessen Ausgangspunkt sich kurz hinter dem Col du Mont Cenis befindet.

REUTER
SCHREINEREI · MÖBELDESIGN · REISEMOBILE
Zu Hause unterwegs
Für jedes Budget die passende Einrichtung. Egal ob Gesamt- oder Teilausbau, Möbel oder das Komplettpaket mit Technik. Mit uns fühlst Du Dich auf Reisen wie zu Hause!
Schreinerei Reuter
Volker Schweinsberg
Im Öhlchen 3 I 57368 Lennestadt
info@reuter-lennestadt.de I 02721 81337
reuter-lennestadt.de

Refuge du Cuchet
St. Antoine
D902
le Collet
GR5-E2
Lanslebourg-Mont-Cenis
Lanslevillard
D1006
l' Arc R.
GR5e
Vincendières
Avérole
Vallée d' Avérole
Vallée de Ribon
Gl. de Charbonnel
Pointe de Charbonnel
3752
Gl. de l' Arcelle Neuve
Pointe de Ronce
3612
Glacier du Vieux
Col du Mont Cenis
2084
Mt. Froid
2822
Pointe Clairy
3173
Lac du Mont Cenis
D1006
Pointe Grand Fond
3528
Massif du Mont Cenis
33
Mont Lamet
3504
Roche Michel
3429
2755
Pointe de Bellecombe
Refuge du Petit Mont Cenis
Col du Petit Mont Cenis
2182
Gl. de Rochemelon
Pointe du Ribon
3529
Moncenisio
Rocciamelone
Rif. St. Maria
3538
Rif.
Roche d' Etache
3083
Lac Blanc
Abbazia di Novalesa
Novalesa
St. Anna
Mont Giusalet
3313
Bar
Arcángel
25
Villaretto
Lac de Savine
Refuge d' Ambin
3382
2205
Rifúgio
Molaretto
Costa
Rif. Vaccarone
2743
3378
Rocca d' Ambin
Grange Buttigliera
Venáus
Lac du Fondi d' Ambin
3365
Monte Niblè
1101
Pra Piano
Susa Ovest
Trinità
Mompantero
3333
Punta Sommeiller
Giaglione
Susa
(503)
Susa Est
Ramàts
Olmo
Rif. Levi
Rif. Viberti
Gràvere
15%
Morliere
Bastia
Chiomonte
Meana di Susa
Madonna della Losa
S. Colombano
25
26
Borgata Assiere
Menólzio
Forte
Exilles
15%
Eclause
1529
Pián Gelassa
Deveys
Valle di Susa
Parco Reg. del Gran Bosco di Salbertrand
Salbertrand
Oulme
Gran Bosco
Cima Ciantiplagna
2849
Forte
2176
Colle d. Finestre
2472
Colle dell' Assietta
F.D. Ripa
Parco Re
2878
Mt. Or
Colle del ...son
2497
Balboutet
Pourrières
Usseaux
Fraisse
23
Monte
freytag & berndt

R10 Lac du Mont Cenis

✱✱

Land: Frankreich / Italien, Gebiet: Savoyen
Ausgangspunkt: Ital./franz. Grenze, Col du Mont Cenis
Endpunkt: kurz vor der Passhöhe, Col du Mont Cenis

Fahrzeugklassen FZK	Schwierigkeit SG	Zeitbedarf Stunden	Kilometer Gesamt	Kilometer Offroad	Reisezeit Monat
1+2	2	2	23,5	11,8	06 - 09

Schneefall ist von Mitte September bis Anfang Juni möglich.

10a) südliche Uferstraße rund um den See
Länge: gesamt 10,9 km, davon 7,4 km Piste

10b) Col du Petit Mont Cenis
Länge(Hin- u. Rückweg): gesamt 12,6 km, davon 4,4 km Piste

Hinweis

Im Jahr 2021 gab es erstmals vom 19.06. bis zum 10.09. ein generelles Fahrverbot für den Weg rund um den Lac du Mont Cenis. Ob diese Regelung zukünftig jeden Sommer gilt, bleibt abzuwarten. Wir werden im Downloadbereich des Tourenbuchs aktuell berichten.

Zusammen mit der **Route 11** (Col de la Met) und **Route 09** (Lac de Roterel) lohnt sich die Anfahrt zum Col du Mont Cenis, der auf einer gut ausgebauten Piste südlich umfahren werden kann. Der Col du Petit Mont Cenis, der von der südlichen Uferstraße abgeht, ist asphaltiert. Nur im oberen Bereich kann man noch ca. 2 km Piste fahren (nur FZK 1, SG 2). Auf beiden Strecken sind vor allem am Wochenende viele Ausflügler mit Pkw und auch Wanderer unterwegs.

Anfahrt / Routenbeschreibung

Von Torino fährt man die A 32 bis zur Abfahrt Susa. In Susa auf die SS 25 abbiegen, zum Col du Mont Cenis.

Route 10a

Am nur selten besetzten Grenzhäuschen biegen wir links ab Richtung Staumauer, **WP 10ax01** (km-Stand 0). Kurz darauf fahren wir nach dem zerfallenen Dorf links weiter auf **WP 10ax03** zu, an einer alten Lagerhalle vorbei. In zwei Serpentinen geht es über eine etwas ausgewaschene Piste weiter, SG 1. An der Gabelung, **WP 10ax04**, geht es links ab. (Rechts führt die Piste über die Staumauer zurück zur Hauptstraße. Die Piste darf auf eigenes Risiko befahren werden.)

Kurz nach der Gabelung ist nach rechts ein Abzweig, der gesperrt ist.

Er führt hinauf zum Fort de Variselle. Der kurze Aufstieg zu Fuß vom Fort ist wegen der schönen Aussicht auf den See lohnenswert.
Das Fort darf nicht besichtigt werden, es ist ein Verbotsschild mit Androhung von Strafe bei Missachtung angebracht.

Bei der Gabelung **WP 10ax05** geht links die Route 09, Lac du Roterel (umgekehrte Richtung) ab. (Der Abzweig zum Mont Malamot, der kurz darauf auf der Route folgt, ist schon seit vielen Jahren für motorisierte Fahrzeuge gesperrt.)
Wir folgen der Piste südlich um den See, auch der Abzweig zum Fort Pattacreuse ist gesperrt (**WP 10ax06**) und treffen bei **WP 10ax07** (km-Stand 7,4) auf die Asphaltstraße, die links hoch zum Col du Petit Mont Cenis führt, Route 10b. Rechts sind es noch 3 km bis wir wieder auf die Hauptstraße einmünden, Endpunkt **WP 10ax09** (km-Stand 10,9), kurz vor der Passhöhe des Col du Mont Cenis.

Historie des Fort de Variselle

Im Jahr 1860 wird Savoy von Frankreich annektiert. Darauf hin beschloss das Königreich Italien, seine neuen Grenzen durch moderne Befestigungsanlagen zu verstärken. So wurde ab dem Jahre 1874 bis 1908 mit dem Bau einer Reihe von neuen Forts begonnen. Die Anlagen Variselle, Cassa, Roncia, Pattacroce und Malamot wurden auf den Höhen errichtet und sollten die Täler kontrollieren und notfalls abriegeln.

Die ehemalige Festung ist heute dem Verfall preis gegeben. Kampfhandlungen hat es hier nie gegeben.

Diese Anlagen wurden durch Bunker und Schützengräben, sowie Kasernen und Pferdeställe erweitert. Dieser Verteidigungswall bildete den Campo Trincerato del Moncenisio.

Gegenüber bauten die Franzosen von 1895 bis 1910 die Festung Turra, westlich des Mont-Cenis-Passes, um das Maurienne-Tal zu verteidigen.
1915 wurde das italienische Fort entwaffnet, die französische Bedrohung wurde als unbedeutend erachtet. Die Truppen und Waffen wurden an die Front zu Österreich-Ungarn geschickt.
Angesichts der Rückkehr der Spannungen zu Frankreich wurde Ende 1920 mit der Wiederbesetzung der Forts begonnen, sowie mehrerer Batterien von 149 mm Kanonen hinzugefügt.

Das Fort darf heute nicht mehr besichtigt werden. Einsturzgefahr.

Im Jahr 1947 wurde im Vertrag von Paris festgelegt, dass das gesamte Plateau des Mont Cenis, einschließlich Befestigungsanlagen, an Frankreich fällt.
Fort La Cassa wurde 1968 abgerissen, um Platz für den Staudamm des Sees zu schaffen. Fort de Variselle wurde aufgegeben und dem Verfall überlassen.

Beschreibung des Forts

Die Festung liegt 2.118 Meter über dem Meeresspiegel auf einer Anhöhe südlich des Mont Cenis-Sees.

Es ist fünfeckig mit zwei Feuerreihen (Artillerie oben und Fusillade unten). Im Inneren liegen die gewölbten Kasematten (Mannschaftsunterkünfte), sowie die Pferdeställe, Küche, Vorratsräume für Pulver und Lebensmittel.
Die ursprüngliche Artillerie bestand aus 27 Geschützen mit 120 mm / 21 Modell 1882 (genannt "12 ARC Ret") mit einer Reichweite von 6.000 m.

Historie des Col du Mont Cenis

Der Alpenübergang über den Col du Mont Cenis wird seit Jahrtausenden benutzt. Belegt ist, dass im Frühsommer 312 n.Chr. Kaiser Konstantin I. die Passhöhe, auf seinem Feldzug gegen Maxentius, überquerte. Die fränkischen Könige Pippin und Karl der Große überquerten ebenfalls an dieser Stelle die Alpen, Pippin 754 und 756, Karl im Jahre 773. Im Januar 1077 überschritt hier Heinrich IV. auf seinem Gang nach Canossa die Alpen und im Oktober 1310 überquerte auf dieser Route Heinrich VII. auf dem Zug nach Rom das Hochgebirge. Napoléon Bonaparte ließ um 1800 die Passstraße ausbauen.
65 Jahre später wurde sogar eine Eisenbahnstrecke (Schmalspur) über den Pass gebaut, allerdings war die Strecke nur drei Jahre von 1868 bis 1871 in Betrieb, danach war der Eisenbahntunnel – übrigens der erste Eisenbahntunnel der Welt – fertig gestellt. Noch heute kann man die alten Tunnel- und Kunstbauten der Strecke erkennen. Die Bahnlinie diente hauptsächlich der Postbeförderung von England nach Indien.
Die dampfgetriebene Adhäsionsbahn wurde nach dem Fell'schen System ausgerüstet: Eine starke Feder drückte zwei zusätzliche Räder an eine Mittelschiene, so dass auch steile Passagen überwunden werden konnten.
Im Winter 1914 bezwang Alberto Garelli den Pass mit einem selbst gebauten Motorrad, ein Unternehmen, das zur damaligen Zeit als unmöglich galt.

Der Alpenpass Mont Cenis ist heute bei Motorrad- und Fahrradfahrern beliebt.

Route 10b

Von der südlichen Piste um den See geht bei **WP 10ax07 = WP 10bx00** links die Teerstraße zum Col du Petit Mont Cenis (2.186 m) weiter. Vorbei an einem Gasthaus mit Wanderparkplatz, **WP 10bx01**, führt die Straße ohne große Steigung langsam bergauf. Bei **WP 10bw03** (km-Stand 4,0) sind wir auf der Passhöhe mit großem Wanderparkplatz und Gasthaus. Von hier kann man eine schmale, teils ausgewaschene Piste noch ca. 2 km weiter Richtung Granges de Savine befahren, nur für FZK 1, SG 2. Im oberen Bereich ist die Piste erdig und bei Regen daher rutschig. Endpunkt bei **WP 10be04**, von hier oben auf 2.252 Meter hat man ein wunderschönes Bergpanorama.

Solche Aussichtspunkte lassen sich mit dem Fahrzeug leider nicht erreichen. Hier muss man die Wanderschuhe anziehen und hinauf zum Signal du Petit Mont Cenis steigen.

Refuge du Cuchet
Lanslebourg-Mont-Cenis
Lanslevillard
le Collet
St. Antoine
D902
D1006
GR5-E2
GR5e
l' Arc R.
Vincendières
Avérole
Vallée d' Avérole
Vallée de Ribon
Gl. de Charbonnel
Pointe de Charbonnel
3752
Gl. de l' Arcelle Neuve
Pointe de Ronce
3612
Glacier du Vieux
Col du Mont Cenis
2084
Mt. Froid
2822
Pointe Clairy
3173
Lac du Mont Cenis
Pointe Grand Fond
3528
Roche Michel
3429
Mont Lamet
3504
Massif du Mont Cenis
33
2755
Pointe de Bellecombe
Refuge du Petit Mont Cenis
Col du Petit Mont Cenis
2182
Pointe du Ribon
3529
Gl. de Rochemelon
Moncenisio
Rocciamelone
Rif. St. Maria
3538
Rif.
Roche d' Etache
3083
Lac Blanc
Mont Giusalet
3313
Abbazia di Novalesa
Novalesa
St. Anna
Bar
Arcángel
25
Villaretto
Lac de Savine
Refuge d' Ambin
3382
Molaretto
2205
Rifúgio
Costa
Rif. Vaccarone
Rocca d' Ambin
2743
3378
Grange Buttigliera
Venáus
Trinità
Lac du Fond d' Ambin
3365
Monte Niblè
1101
Pra Piano
Susa Ovest
Mompantero
3333
Punta Sommeiller
Giaglione
Susa
(503)
Susa Est
Ramats
Olmo
Gràvere
15%
Rif. Levi
Rif. Viberti
Morliere
Bastia
3217
Cima Vallonetto
S. Colombano
Chiomonte
Madonna della Losa
Meana di Susa
Borgata Assiere
Menolzio
Valle di Susa
26
Exilles
Forte
Eclause
Deveys
1529
Pián Gelassa
Salbertrand
Oulme
Gran Bosco
Parco Reg. del Gran Bosco di Salbertrand
Cima Ciantiplagna
2849
Forte
2176
Colle d. Finestre
F. D. Ripaira
2472
Colle dell' Assietta
Colle del
2497
Balboutet
Pourrières
Usseaux
Fraisse
23
Parco Re
2878
Mt. O
Gad
X-V
XII

R11 Col de la Met

✱✱✱✱

Land: Frankreich, Gebiet: Savoyen
Ausgangspunkt: Col du Mont Cenis
Endpunkt: Passhöhe mit Panoramatafel

Fahrzeugklassen FZK	Schwierigkeit SG	Zeitbedarf Stunden	Kilometer Gesamt	Kilometer Offroad	Reisezeit Monat
1	5	2	13,8	13,8	06 - 09

Schneefall ist von Oktober bis Mai möglich.
Besonderheit: extrem schwierige Piste, nur für sehr erfahrene Geländefahrer, die ihr Fahrzeug gut kennen und schwindelfrei sind. Bei Regen sollte man von einer Befahrung absehen.

Diese kurze Sackgasse hat es in sich, sehr schmal, durch extrem enge Kehren geht es auf losem Schiefergestein teils sehr steil (max. Steig. 20%) nach oben. Kombinationsmöglichkeit mit der **Route 09** (Lac de Roterel) und **Route 10** (Lac du Mont Cenis).

Anfahrt / Routenbeschreibung

Von Torino fährt man die A 32 bis zur Abfahrt Susa. In Susa auf die SS 25 abbiegen, zum Col du Mont Cenis.

Im unteren Bereich ist die Piste einfach zu befahren.

Der Einstieg ist 3 km unterhalb der Passhöhe des Col du Mont Cenis auf französischer Seite. Vom Pass kommend biegt man rechts ab, **WP 11ax01**, (Höhe: 1.892 m, kein Hinweisschild) auf eine breite, grob geschotterte Piste mit tiefen Wasserablaufrinnen quer zur Fahrbahn, am Anfang SG 1.

Ab **WP 11ax03** (km-Stand 1,8) wird die Piste schmaler, mit langen, extrem steilen Abschnitten, (Steigung bis zu 20%), SG 4. Es geht, an einigen Sessellift-Stationen vorbei, im Steilhang weiter bergauf.

Die sechs Kehren im mittleren Bereich erfordern fahrerisches Können.

Bei **WP 11ax06** ist ein Abzweig nach rechts, wir fahren geradeaus weiter. Die nun folgenden sieben Kehren sind so eng, dass das Reversieren bis an den Rand des Abgrunds eine enorme Beherrschung des Fahrzeugs erfordert, teils mit Seitenneigung, SG 5 bis zum Endpunkt.

Achtung: Wer sich hier weitertraut, sollte nicht vergessen, dass dies auch der einzige Weg zurück ist.
Vorsicht bei plötzlichem Wetterwechsel.

*Ein Kunde schrieb:
Die Kehren hatten es ganz schön in sich und sorgten für mehr Puls als nötig. Oben hatten wir von der Aussichtsplattform einen sensationellen Panoramablick.*

Oben angekommen, auf einer Höhe von 2.744 Metern, **WP ae07** (km-Stand 6,9) genießt man einen einmaligen Blick auf den Lac du Mont Cenis mit dem umgebenden Gebirgspanorama.

Im Regen kann das nasse Schiefergestein rutschig sein. Bei der Bergstation des Ski-Lifts bietet sich eine gute Aussicht auf den Lac du Mont Cenis.

Bardonécchia
(1312)
Pointe
Gaspard
2808
Mt. Jafferau
2785
Fréjus
Borgo Nuovo
les Arnauds
Gleises
Royères
Goutier
Mélezet
GR57A
l' Aguille
Rouge
2548
A32
E70
Savoulx
Signols
Savoulx
Oulx Ovest
Puys
Beaulard
Dora di Bardonecchia
le Cros
Sallé
Névache
Rocher
de Barrabas
2612
Pierremenaud
Madonna
Catolivier
2087
Lac Blanc
L. Long
Lac de
Cristol
Plampinet
Roche
Gauthier
2750
Fort de Lenlon
Desertes
3044
24
12
Solomiac
Fenils
Mollières
Granon
2413
Col de Granon
17%
Grand Chalvet
2630
Mt. Chaberton
3136
Cesana
Torinese
San Sicário
Val-des-Prés
le Villard-Laté
St. Chaffrey
Chap. St. Arnoul
2644
le Rosier
Montgenèvre
1850
Col de
Montgenèvre
N94
21
les Alberts
la Vachette
Bousson
Rollières
Prodel
le Janus
2543
le Fontenil
Thures
Rifúgio
Mautino
2648
Madonna
del Lago Nero
(1326)
Puy-
St. Pierre
Fontchristianne
Fort du
Gondran
2455
Sommet
des Anges
Lac Noir
les Fraches
Chamandrin
Pont-
de-Cervières
D902
Villard-
St. Pancrace
Terre Rouge
Cervières
la Cerveyrette Torr.
le Bourget
16%
le Villaret
Fort de
la Lausette
les Chalps
le Laus
St. Martin-
de Queyrières
les Ayes
le Blétonnet
les Fonds
Grand Peygu
2801
GR58
Pic de Peyre Eyraute
2903
Route des
Grandes Alpes
Refuge
Napoléon
Grand Pic
de Rochebrune
Chalets
Col
d'Izoard
2361
freytag & berndt

R12 Colle Bercia / Lago Nero ***

Land: Italien, Gebiet: Piemont
Ausgangspunkt: Clavière
Endpunkt: Cesana

Fahrzeugklassen FZK	Schwierigkeit SG	Zeitbedarf Stunden	Kilometer Gesamt	Kilometer Offroad	Reisezeit Monat
1+2	2	2	23,7	18,8	06 - 09

Schneefall ist von Mitte September bis Anfang Juni möglich.

Im Gebiet um den kleinen Bergsee Lago Nero gibt es viele Wochenendhäuschen, daher sind auf den meist einfach zu befahrenden Pisten viele Italiener, teils auch mit normalen Pkws unterwegs.

Von Clavière geht es zunächst zum Colle Bercia, von dem sich ein grandioser Blick zum Mont Chaberton ergibt. Über die Kaserne Fonte Tana erreicht man den Lago Nero. Entlang der Strecke befinden sich mehrere Gasthäuser.

Anfahrt

Die Route liegt auf dem Weg vom Susatal über den Col de Montgenèvre nach Briançon. Von Torino fährt man die A 32 über Susa bis zur Abfahrt Oulx. In Oulx auf die SS 24, Col de Montgenèvre.

Routenbeschreibung

Von italienischer Seite erreicht man den Grenzort Clavière kurz vor dem Col de Montgenèvre. In Clavière (1.770 m) biegen wir bei der Kirche links ab, **WP 12ax01**. Nach ca. 400 m endet der Asphaltbelag, wir folgen dem gut ausgebauten Schotterweg mit tiefen Wasserablaufrinnen quer zur Fahrbahn, SG 1. Bei dem Restaurant La Coche teilt sich der Weg, **WP 12ax03**, wir fahren rechts weiter. (Geradeaus gelangt man über einen guten Waldweg direkt zu **WP 12ax08**.)
An der Gabelung, **WP 12ax04** biegen wir links ab und erreichen ein Gasthaus, **WP 12ah05**.
Ein neues Fahrverbotsschild sorgt für Verwirrung. Im Befahrungsjahr (2021) war es nach Rücksprache mit dem Gastwirt erlaubt, den Übergang zu der Wochenendsiedlung bis **WP 12ax08** zu nutzen. Wer sicher gehen will, fragt am Besten dort noch mal nach, wie die aktuelle Regel lautet.

Über alte Pflastersteine schrauben wir uns in die Höhe.

Die Piste hat steile Abschnitte über losen Schotter, SG 2. Bei **WP 12ax06**, führt ein Fußweg zur Endstation des Sesselliftes auf 2.298 Meter und bietet eine schöne Aussicht zum Mont Chaberton. Auf der Passhöhe am Colle Bercia ist der obere Weg zum Lago Nero gesperrt, **WP 12ax07**, weiteres Verbotsschild.

Die Piste stellt keine hohen Ansprüche an Fahrzeug und Fahrer, bietet aber viele schöne Ausblicke in die Berge.

Daher fahren wir geradeaus, kommen bergab an Ferienhäusern vorbei und biegen bei **WP 12ax08** rechts ab. Durch bewaldetes Gebiet erreichen wir auf einfach zu befahrender Piste nach 3 km ein altes Kasernengebäude, **WP 12ah10**. Der gerade Platz im Bereich der Kaserne Tana eignet sich gut als Nachtlager auf 1.990 m Höhe.

Kurz darauf an der T-Kreuzung, **WP 12ax11**, sind es rechts noch 900 Meter bis zum Lago Nero, **WP 12aw12**, der malerisch vor einer steilen Felswand liegt. Der Track endet nach knapp 2 km, **WP 12ax14**. (Hier steht ein Fahrverbotsschild von der anderen Seite für den oberen Weg.) Zurück bei **WP 12ax11** kann man eine alternative Abfahrt nach Cesana wählen.

Am Wochenende ist der Lago Nero auch bei Italienern ein beliebtes Ausflugsziel, aber ein ruhiger Platz findet sich auch dann noch am See.

Das Gebiet um den Lago Nero bietet gute Möglichkeiten, um mit seinem Allradler die Bergwelt zu erkunden.

Die grob geschotterte Piste ist breit, hat aber einige Querrinnen und Auswaschungen, weshalb eine entsprechende Bodenfreiheit erforderlich ist, dennoch SG 1.

Bei **WP 12at18** beginnt der Asphaltbelag, kurz darauf kommen wir an eine T-Kreuzung bei dem Dorf Bousson, wir fahren links weiter. Wer Richtung Sestriere möchte, biegt bei **WP 12ax20** rechts ab.

In Cesana treffen wir auf die SS 24, **WP 12ax22**, Endpunkt der Route. Links geht es über den Col de Montgenèvre nach Briançon, rechts nach Oulx ins Susatal.

Gute und leicht zu befahrende Pistenabschnitte und gelegentlich etwas gröberes Geläuf halten sich auf dieser landschaftlich besonders reizvollen Rundfahrt die Waage.

Kehren mit moderater Steigung bieten dem Geländewagenfahrer Fahrspaß.

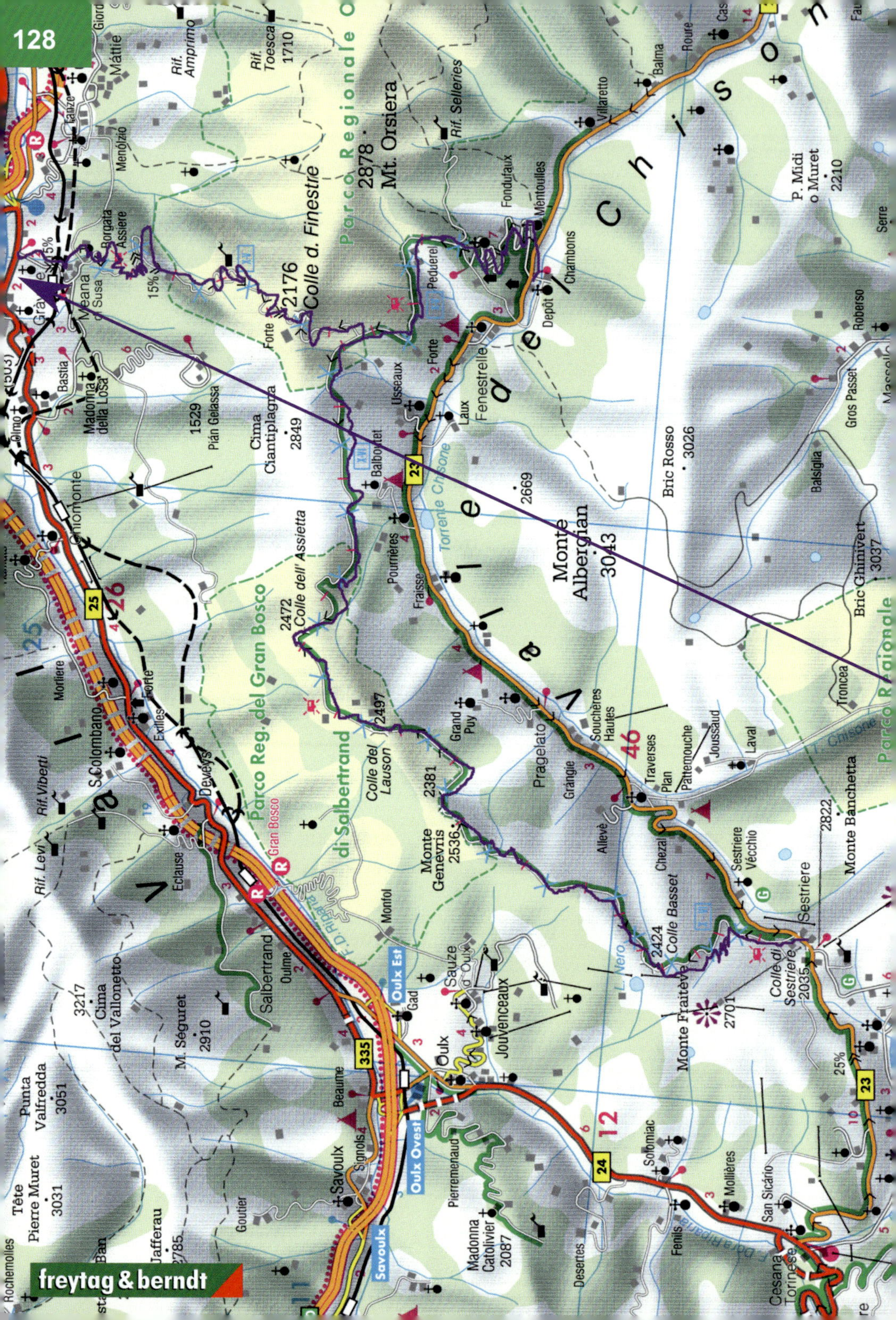
Colle d. Finestre
2176
Parco Regionale Orsiera
2878
Mt. Orsiera
Rif. Selleries
Rif. Toesca
1710
Rif. Amprimo
Mattie
Menolzio
Meana di Susa
Borgata Assiere
Gravere
Bastia
Madonna della Losa
Cima Ciantiplagna
2849
1529
Pian Gelassa
Forte
Colle dell' Assietta
2472
Chiomonte
Parco Reg. del Gran Bosco di Salbertrand
Gran Bosco
Exilles
Deveys
S.Colombano
Morliere
Rif. Vilberti
Rif. Levi
Eclause
Salbertrand
Oulme
Colle del Lauson
2497
2381
Monte Genevris
2536
Monfol
Oulx Est
Oulx Ovest
Oulx
Gad
Sauze d'Oulx
Jouvenceaux
Beaume
Savoulx
Signols
Pierremenaud
Madonna Cotolivier
2087
Goutier
Tête Pierre Muret
3031
Punta Valfredda
3051
Cima del Vallonetto
3217
M. Séguret
2910
Jafferau
2785
Rochemolles
Usseaux
Balboutet
Pourrières
Fraisse
Laux
Fenestrelle
Pequerel
Depôt
Chambons
Mentoulles
Fondufaux
Villaretto
Balma
Roure
Torrente Chisone
Monte Albergian
3043
2669
Bric Rosso
3026
Grand Puy
Pragelato
Granges
Souchères Hautes
Traverses
Plan
Pattemouche
Joussaud
Laval
Allevè
Chezal
Colle Basset
2424
L. Nero
Monte Fraiteve
2701
Sestriere Vecchio
Sestriere
Colle di Sestriere
2035
Monte Banchetta
2822
Troncea
Bric Ghinivert
3037
Balsiglia
Gros Passet
Roberso
P. Midi o Muret
2210
Serre
Solomiac
Mollières
San Sicario
Fenils
Desertes
Cesana Torinese
Valle del Chisone
Val di Susa
23
24
25
26
46
12
335
25%
15%

R13 Assietta-Kammstraße ****

Land: Italien, Gebiet: Piemont
Ausgangspunkt: Susa
Endpunkt: Sestriere

Fahrzeugklassen FZK	Schwierigkeit SG	Zeitbedarf Stunden	Kilometer Gesamt	Kilometer Offroad	Reisezeit Monat
1+2	2	6	59,9	47,5	06 - 10

Besonderheit: lange Strecke über den Gebirgskamm
Offizielle Wintersperre vom 01. November bis 31. Mai

13a Assietta-Kammstraße, incl. Anfahrt über die Nordrampe des Colle delle Finestre. Länge: 59,9 km, davon 47,5 km Piste

13b alternative Anfahrt vom Chisonetal über die südliche Auffahrt des Colle delle Finestre. Länge: 13,5 km, davon 5,6 km Piste

Die „Strada dell'Assietta" verläuft über eine lange Strecke auf dem Gebirgskamm, d.h. hat man einmal den Anstieg über den Colle delle Finestre geschafft, bewegt man sich über 35 km in einer Höhenlage zwischen 1.970 und 2.536 m.
Die Route bietet einmalige Ausblicke in die Gebirgswelt und ist einfach zu befahren, somit der ideale Einstieg für Anfänger. Wegen ihrer Beliebtheit bei Geländefahrern herrscht im Sommer reger Verkehr von Geländefahrzeugen und Motorrädern, gelegentlich fahren auch Mountainbiker die Route.

Anfahrt

Von Torino fährt man die A 32 bis zur Abfahrt Susa. Im Susatal können folgende Routen miteinander kombiniert werden:
13) Assietta-Kammstraße
14) Rifugio Selleries
15) Colle Sommeiller
16) Monte Jafferau
17) Passo della Mulattiera

Achtung

Während der Monate Juli und August gilt folgende Sperrung für motorisierte Fahrzeuge: Mittwochs und samstags von 9-17 Uhr.

Zulässiges Gesamtgewicht: 3,5 t, max. Breite: 2,0 m, Geschwindigkeitsbegrenzung von 30 km/h, stellenweise nur 15 km/h. Entsprechende Schilder sind an den Einstiegsstellen zum Colle delle Finestre und am Pian dell'Alpe angebracht.
Das Abweichen vom Fahrweg ist streng verboten, ebenso freies Campen. Zum Teil verläuft die Kammstraße durch das Naturschutzgebiet Gran Bosco.

Routenbeschreibung

Route 13a

Die Anfahrt zur Assietta erfolgt über den Colle delle Finestre (Wintersperre ebenfalls vom 1. Nov. bis 31. Mai, Gewichtsbeschränkung auf 12 t, Höchstgeschwindigkeit 30 km/h). Ausgangspunkt ist Susa (509 m), **WP 13ax01** (km-Stand 0), wir biegen ab auf die SS 24 Richtung Montgenèvre. An der Gabelung hinter der Brücke, **WP 13ax02**, fahren wir links weiter und direkt darauf biegen wir rechts ab, **WP 13ax03**, (Schilder Colle Finestre, Assietta).

Obwohl asphaltiert, bieten die 32 Kehren Fahrspaß.

Durch Meana di Susa folgt man immer dem Schild „Colle delle Finestre", hinter dem Ort ist die Teerstraße nur noch 1 ½ Spuren breit und windet sich in 32 eng aufeinander gereihten Kehren nach oben. Da es durch dichten Mischwald geht, hat man leider keinen freien Blick auf die Serpentinenstrecke.

Bei **WP 13at06** endet der Asphaltbelag, über eine fein geschotterte Piste sind noch 13 Kehren bis zur Passhöhe zu überwinden, SG 1. Bei **WP 13ah07** kommen wir an der Almhütte Alpe Casette vorbei. Von der Passhöhe (2.176 m), **WP 13aw08** (km-Stand 19,8) genießen wir einen weiten Blick zurück auf die letzten Kehren.

Der Blick vom Colle delle Finestre auf die letzte Serpentinengruppe.

Hinter dem Pass ist die Strecke wieder asphaltiert, beim Pian dell'Alpe, **WP 13ax09**, biegen wir rechts ab und folgen weiter der Aphaltstraße. (Links geht ein Schotterweg weiter, südliche Abfahrt ins Chisonetal nach Dépôt, **Route 13b**.)

Die Kammstraße

Die Assieta Kammstraße zählt zu den Highlights der mit Geländewagen befahrbaren Offroadstrecken in den Westaplen.

Die eigentliche Kammstraße beginnt bei **WP 13ax11** (km-Stand 24,0) wir biegen rechts auf die gut einspurige Schotterstrecke ab, SG 1, die schmale Asphaltstraße führt hinab ins Chisonetal. Bei freier Sicht hat man bemerkenswerte Tiefblicke ins Tal. Die Piste führt am Felshang entlang und gewinnt allmählich an Höhe.

Am Colle dell'Assietta (2.475 m), **WP 13ax13** (km-Stand 35,4) genießt man eine herrliche Aussicht nach Nordwesten, die Piste verläuft nun auf der Nordseite des Kamms. (Die Auffahrt zum Gipfelfort Gran Serin ist gesperrt.)
Teilweise folgen nun etwas holprigere Passagen mit einigen Auswaschungen, stellenweise SG 2.

An der Testa dell'Assietta (2.543 m), **WP 13aw14**, erreichen wir den höchsten Punkt der Strecke, vorbei an der Casa dell'Assietta, **WP 13ah15**, geht es langsam bergab.

Das ehemalige Militärsträßchen ist generell in einem guten Zustand und wird regelmäßig im Frühjahr instand gehalten.

Am Colle Lauson sind wir auf 2.496 m, es erfolgt noch mal ein Anstieg über einige steile, enge Kehren (SG 2) bis zum Monte Genevris (2.518 m).

Wir sind wieder auf der Südseite der Kammstraße und haben einen prächtigen Fernblick nach Süden zum Pic de Rochebrune und nach Westen auf den Mont Chaberton.

Lange Zeit fahren wir auf einer Höhe von rund 2.500 Meter und erleben eine atemberaubende Bergwelt.

Ab dem Colle Basset (2.432 m) **WP 13aw18** (km-Stand 53,4) ist die Piste wieder in gutem Zustand, SG 1. Kurz darauf an der Gabelung, **WP 13ax19** geht rechts eine steile Piste hinunter nach Sauze de Oulx. Wir wählen den linken Weg, der bald im Wald verläuft und hinab nach Sestriere führt.

An der T-Kreuzung, **WP 13ax20** sind wir auf Teer, rechts führt die Straße auf einen Parkplatz, links geht es nach Sestriere. Endpunkt ist der Kreisverkehr in Sestriere, **WP 13ax22** (km-Stand 59,9).

Der Abstieg ins Tal

Route 13b

Von Pinerolo kommend biegt man bei dem kleine Ort Dépôt rechts ab, **WP 13bx01** (km-Stand 0) (Schild Colle Finestre, Assietta). Die 1 ½ Spuren breite Asphaltstraße windet sich in engen Kehren an einem Krankenhaus vorbei nach oben. Bei **WP 13bx05** (km-Stand 7,9) ist der Abzweig zum Rifugio Selleries (**Route 14**). Hier endet der Asphaltbelag, über eine gute Schotterpiste geht es im Wald weiter bergauf. Vorbei am Fort Serre Marie, **WP 13br07**, treffen wir bei Pian dell'Alpe auf eine asphaltierte Straße, **WP 13bx08 = WP 13ax09** (km-Stand 13,5). Rechts geht es weiter hinauf zum Colle delle Finestre, links gelangen wir zum Einstieg der Assietta-Kammstraße.

THEMA

Krieg in den Bergen

Die Schlacht am 19. Juli 1747

Die Assietta-Kammstraße hatte bereits vor dem 1. Weltkrieg militär-strategische Bedeutung. Auf dem Colle dell'Assietta wurde am 19. Juli 1747 während des Österreichischen Erbfolgekriegs eine entscheidende Schlacht ausgetragen.

Frankreich hatte während des Krieges mehrmals versucht, ins Königreich Piemont-Sardinien einzudringen, war aber jedes Mal gescheitert. 1747 befahl König Ludwig XV einen entscheidenden Angriff auf das Piemont. Die hierfür zur Verfügung gestellten 50 Bataillone sollten unter der Führung des französischen Generals Belle-Isle und des spanischen Marques de las Minas sowohl von Süden aus angreifen und Genua belagern, als auch über die Alpen in Richtung Turin vorstoßen.
Nachdem der Angriff im Süden nicht die gewünschten Erfolge gezeigt hatte,

verlegten die Franzosen ihren Schwerpunkt weiter nach Norden und versuchten mit starken Infanteriekräften und dazugehöriger Kavallerie und Artillerie über den Mont Cenis nach Exilles und über die Assietta-Höhen nach Fenestrelle vorzustoßen.

Da Karl Emanuel III. von Savoyen diesen französischen Zug voraussah, befahl er einen Ausbau der piemontesischen Stellungen auf dem 2.500 m hohen Colle dell'Assietta, die von insgesamt 13 Bataillonen besetzt wurden. Unter diesen Kräften befanden sich auch etliche Schweizer Söldner und vier Bataillone der verbündeten Österreicher. Da französische Aufklärer die Vorbereitungsarbeiten der Piemontesen beobachtet hatten, ordnete die französische Führung einen sofortigen Angriff der hier zur Verfügung stehenden 32 Bataillone an. Auf der rechten französischen Seite (de Villemur) sollten 14 Bataillone den Grand Serin angreifen, auf der linken Seite (Mailly) 9 Bataillone die Stellungen bei Riobacon, in der Mitte (d'Arnault) 8 Bataillone die Assietta-Höhen.

Der Angriff begann am 19. Juli 1747 um 16.30h. Sowohl auf den Assietta-Höhen als auch auf dem Serano warfen die neun piemontesischen und vier österreichischen Bataillone die französischen Verbände zurück. Die französischen Generäle führten ihre Truppen an vorderster Front sehr energisch. Belle-Isle verlor sein Leben, als er mit einer Truppenfahne in der Hand einen Angriff anführte. Auch d'Arnault fiel während der wilden Kämpfe. Obwohl die Franzosen ihren Befehlshaber verloren, griffen sie weiter an. Über den von wenigen Piemontesen gehaltenen Serano versuchten sie die Assietta-Stellungen einzunehmen, scheiterten jedoch und wurden von den Reserven des Grafen von Bricherasio dort auch noch geschlagen. Nach fünf Stunden schwerer Kämpfe zogen sich die Franzosen schließlich zurück.

Frankreich hatte nach der Schlacht 4.000 Tote und Verwundete zu verzeichnen, 600 Soldaten gerieten in Gefangenschaft. Österreicher und Piemontesen verloren 400 Mann. Der Versuch, die Piemontesen aus dem Krieg zu drängen, war gescheitert. Auf dem Frieden von Aachen erhielt Piemont-Sardinien kleinere Gebiete am Lago Maggiore. Die Grenzen Piemonts blieben dann bis 1859 unverändert.

Gedenkort für die Toten des Krieges auf dem Schlachtfeld der Assietta-Höhen.

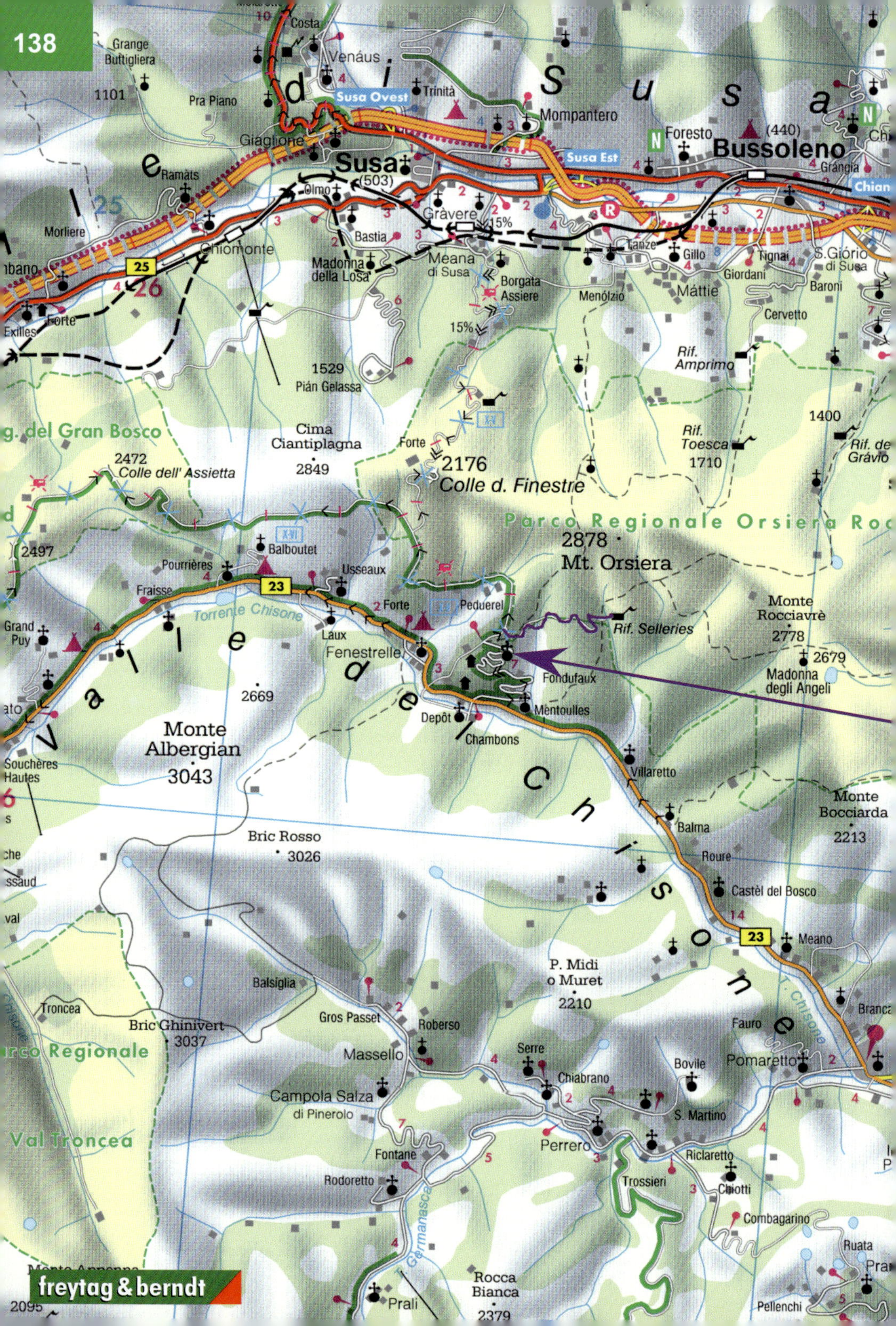
Costa
Venàus
Grange Buttigliera
1101
Pra Piano
Susa Ovest
Trinità
Mompantero
Foresto
(440)
Bussoleno
Gràngia
Giaglione
Susa
(503)
Susa Est
Ramats
Olmo
Morliere
Gràvere
15%
Chiomonte
Bastia
Meana di Susa
Tanze
Gillo
Tignai
S. Giòrio di Susa
Madonna della Losa
Borgata Assiere
Menólzio
Màttie
Giordani
Baroni
Exilles
Forte
Cervetto
15%
Rif. Amprimo
1529
Pián Gelassa
1400
Rif. Toesca
1710
Rif. de Grávio
Cima Ciantiplagna
2849
Forte
2176
Colle d. Finestre
2472
Colle dell' Assietta
Parco Regionale Orsiera Roc
2878
Mt. Orsiera
2497
Balboutet
Pourrières
Usseaux
Fraisse
Forte
Peduerel
Monte Rocciavrè
2778
Rif. Selleries
2679
Torrente Chisone
Grand Puy
Laux
Fenestrelle
Fondufaux
Madonna degli Angeli
2669
Depôt
Mentoulles
Chambons
Monte Albergian
3043
Souchères Hautes
Villaretto
Monte Bocciarda
2213
Balma
Bric Rosso
3026
Roure
Castèl del Bosco
Meano
P. Midi o Muret
2210
Balsíglia
Troncea
Bric Ghinivert
3037
Gros Passet
Roberso
Fauro
Pomaretto
Massello
Serre
Bovile
Chiabrano
Campola Salza di Pinerolo
S. Martino
Val Troncea
Perrero
Riclaretto
Fontane
Trossieri
Chiotti
Rodoretto
Germanasca
Combagarino
Ruata
Rocca Bianca
2379
Prali
Pellenchi
2095
Chisone
Chisone
25
26
23
23
Valle del Chisone
Valle di Susa
freytag & berndt

R14 Rifugio Selleries

✱✱

Land: Italien, Gebiet: Piemont
Ausgangspunkt: Assietta-Kammstraße
Endpunkt: Rifugio Selleries

Fahrzeugklassen FZK	Schwierigkeit SG	Zeitbedarf Stunden	Kilometer Gesamt	Kilometer Offroad	Reisezeit Monat
1+2	2	2	10,2	10,2	06 - 09

Schneefall ist von von Mitte September bis Anfang Juni möglich.

Der Abstecher lässt sich mit der Fahrt über die Assietta-Kammstraße **(Route 13)** verbinden. Von der südlichen Auffahrt des Colle delle Finestre (Route 13b) geht ca. 8 km ab dem Ort Dépôt eine Piste zum Rifugio Selleries ab. Von der Strecke hat man schöne Ausblicke in das Valle del Chisone. Vom Rifugio aus können verschiedene Gebirgswanderungen unternommen werden.

Von Torino fährt man die A 32 bis zur Abfahrt Susa, weiter über den Colle delle Finestre. Im Susatal können folgende Routen miteinander kombiniert werden:

13) Assietta-Kammstraße
14) Rifugio Selleries
15) Colle Sommeiller
16) Monte Jafferau
17) Passo della Mulattiera

Ausgangspunkt ist **WP 14ax01**, bei einer Quelle biegen wir von Dépôt kommend rechts ab Richtung Rifugio Selleries (Hinweisschild). Vom Pian delle Alpe (Ausgangspunkt der Assietta-Kammstraße sind es 5,5 km.) Die einspurige, teils erdige Piste ist in einem passablen Zustand, SG 1. Nach 5,1 km sind wir am Rifugio Selleries, **WP 14ax04**.

Das Alpenglühen

Das Alpenglühen ist die farbige Dämmerungserscheinung, die in den Alpen und den anderen Hochgebirgen der Erde kurz nach Sonnenuntergang bzw. kurz vor Sonnenaufgang zu beobachten ist. Das durch Streuung im Farbton veränderte Licht der tief stehenden Sonne wird dabei von hellen Geländeflächen (Felswänden, Schnee- und Firnfeldern, Gletschern) zurückgeworfen. Dieser Widerschein des Abend- bzw. Morgenrots ist besonders eindrucksvoll, wenn es kurz zuvor geregnet hat und die Felswände glänzen. Bei klarem Wetter erscheinen die reflektierenden Geländeflächen nach Sonnenuntergang zunächst in gelben Farbtönen, dann werden sie allmählich orange- und rosarot. Nach etwa 25 Minuten, wenn die Sonne vier Grad unter dem Horizont steht, erstrahlen schließlich nur noch die höchsten Berggipfel in purpurnen Farben. Vor Sonnenaufgang wechseln die Dämmerungsfarben in umgekehrter Richtung.

Aussois
le Verney
Clairy
3173
2822
le Bourget
D215
St. Benoit
Bramans
Massif
Villarodin-Bourget
Avrieux
Fort Marie-Thérèse
Route des Grandes Alpes
2755
Pointe de Bellecombe
Col du Petit Mont Cenis
2182
Modane
(1096)
la Norma
GR5e
le Planey
Charmaix
Mt. Rond
2615
Pointe de Longe Côte
3104
Pointe du Clot
2941
Roche d' Etache
3083
la Belle Plinier
3076
Aiguille de Scolette
3506
3241
Lac du Vallon
T4
Cime du Grand Vallon
3129
Refuge d' Ambin
L. d' Etache
2932
13
Traforo del Fréjus 12870m
3378
Roche du Grand Argentier
3034
Lac du Fond d' Ambin
Rif. Scarfiotti
2156
Rif. Ambin
2991
3333
3365
Punta Sommeiller
Rochemolles
Tête Pierre Muret
3031
Punta Valfredda
3051
Punta Melmise
2310
Rif. Levi
les Granges
GR57a
3217
Cima del Vallonetto
Testa del Ban
2652
Granges la Rho
Bardonécchia
Bardonécchia
(1312)
Mt. Jafferau
2785
Fréjus
Borgo Nuovo
M. Séguret
2910
Eclause
les Arnauds
Gleises
Royères
Goutier
Salbertrand
Oulme
Gran Bosco
Mélezet
A32
E70
11
Savoulx
Beaume
Signols
335
Puys
Beaulard
Savoulx
Oulx Est
Monfol
Gad
Oulx Ovest
Rocher de Barrabas
2612
Oulx
Pierremenaud
Sauze d' Oulx
Monte Genevris
2536
Madonna Catolivier
2087
Jouvenceaux
Plampinet
Desertes
3044
24
12
Allevè
L. Nero
2424
Colle Basset
Solomiac
Chezal
Fenils
Monte Fraitève
Mt. Chaberton
2701
Mollières
freytag & berndt

R15 Colle Sommeiller

✱✱✱✱✱

Land: Italien, Gebiet: Piemont
Ausgangspunkt: Bardonéccia
Endpunkt: Parkplatz am Lac Sommeiller

Fahrzeugklassen FZK	Schwierigkeit SG	Zeitbedarf Stunden	Kilometer Gesamt	Kilometer Offroad	Reisezeit Monat
1+2	4	6	51,6	39,4	07 - 08

Schneefall ist von Mitte September bis Anfang Juni möglich.
Besonderheit: höchster mit KFZ anfahrbarer Punkt in den Alpen

Der Colle Sommeiller gehört zu den beliebtesten Offroad-Strecken im Piemont, somit trifft man hier im Sommer auf viele Geländefahrzeuge, oft sind Gruppen mit mehreren Fahrzeugen unterwegs. Früher konnte man bis auf 3.005 m hoch fahren, durch eine neu errichtete Holzbarriere, die zugleich die französisch-italienische Grenze markiert, ist jetzt bei 2.995 m Schluss.

Am 2. Sonntag im Juli findet hier jedes Jahr die „Stella Alpina“, ein großes Motorradtreffen, statt. Während diesem Wochenende sind auch die Routen 13 und 16 stark von Motorradfahrern frequentiert, daher empfehlen wir, diese Zeit für die Befahrung zu meiden. Ende Juni wird die zum Teil sehr steinschlaggefährdete Strecke jedes Jahr halbwegs instand gesetzt und ist auch für erfahrene Geländefahrer eine spannende Herausforderung.

Achtung

Ab dem Abzweig zum Rifugio Scarfiotti wird in der Zeit von 9 bis 17 Uhr eine generelle Mautgebühr von 5,- € erhoben. Die Befahrung des Colle Sommeiller ist in der Zeit vom 07. Juli bis 30. Sept. donnerstags verboten.

Im Susatal können folgende Routen miteinander kombiniert werden:

13) Assietta-Kammstraße
14) Rifugio Selleries
15) Colle Sommeiller
16) Monte Jafferau
17) Passo della Mulattiera

Anfahrt / Routenbeschreibung

Von Torino fährt man die A 32 über Susa bis zur Abfahrt Bardonéccia. Beginn der Route ist in Bardonéccia (1.312 m), von Susa kommend fährt man die Hauptstraße am Ort entlang bis zum Kreisverkehr, **WP 15ax01** (km-Stand 0).
Wir biegen Richtung Rochemolles ab, SP 235. Kurz darauf ist ein Abzweig nach links, wir fahren geradeaus, hier ist das Sperrschild für freitags bis sonntags angebracht. Für die gesamte Strecke gilt ein Tempolimit von 30 km/h.
Die einspurige Asphaltstraße führt durch bewaldetes Gebiet allmählich bergauf bis zu dem kleinen Bergdorf Rochemolles, **WP 15ax03** (km-Stand 5,4). Es geht geradeaus weiter, kurz darauf beginnt an der Gabelung, **WP 15ax04** die Schotterpiste, sie ist zunächst breit ausgebaut. Die ersten 9 Kehren bis zum Stausee mit Picknickplatz und Quelle, **WP 15ap07**, sind einfach zu befahren, SG 1.

Zu Beginn ist die Piste zweispurig.

Der Picknickplatz bietet sich als Platz für die Nacht an.

An einem Bachlauf entlang erreichen wir einen weiteren, großen Park- und Picknickplatz, **WP 15ax08**, im Sommer sind hier viele Ausflügler und Wandergruppen unterwegs. Wir sind aus dem Waldgebiet heraus und überqueren den Bach, die Piste ist jetzt einspurig. Auf der anderen Hangseite folgt eine weitere Serpentinengruppe (bei Trockenheit extrem staubig), die hinauf zum – im Sommer bewirtschafteten – Rifugio Scarfiotti, an einem kleinen See mit Wasserfall, führt. Abzweig zum Rifugio bei **WP 15ax09**.

Einfache Behelfsbrücken überwinden Hindernisse, die durch die Wassermassen der Schneeschmelze verursacht wurden.

An der Schranke vorbei (ab hier ist die Strecke von freitags bis sonntags, 9-17:00 Uhr für KFZ gesperrt) können wir die nächste Serpentinengruppe im steilen, mit Gras bewachsenen Hang vor uns erkennen. Am Wasserfall vorbei geht es in 16 engen Kehren (mit Reversieren) über eine schmale, staubige Erdpiste mit einigen Auswaschungen hinauf, SG 3. Ausweichmöglichkeiten für Gegenverkehr nur in den Kehren.

In engen Serpentinengruppen gewinnen wir an Höhe.

Danach geht es durch ein Hochtal, an einer Felsengrotte vorbei, wieder SG 2, auch die nächste Serpentinengruppe mit 10 Kehren ist etwas einfacher zu befahren. Die steinige Gebirgslandschaft hat hier oben ihren besonderen Reiz mit riesigen Schotterfeldern und Steinen mit unterschiedlichen Farbtönen.

Im Geröllfeld kurz unterhalb der 3.000 Meter Grenze sollte man sein Fahrzeug auch im Rückwärtsgang beherrschen.

Bei **WP 15aw11** erreichen wir den schwierigsten Abschnitt der Strecke, der am stärksten den Witterungsverhältnissen ausgesetzt ist, es besteht hohe Steinschlaggefahr. Drei letzte Kehren führen über ein steiles Geröllfeld, im Befahrungsjahr gab es zwei Engstellen durch große Felsbrocken. Ein Ausweichen für Gegenverkehr ist nur in den Kehren möglich, daher sollte man die langen Zwischenabschnitte auch rückwärts meistern können. SG 4-5 (je nach Engstellen, die sich von Jahr zu Jahr verändern können) bis zum Endpunkt mit großem Parkplatz an der französisch-italienischen Grenze, **WP 15ax12** (km-Stand 25,8). In manchen Jahren ist dieser Teil wegen unüberwindbaren Schneebrettern erst ab Anfang Juli zu befahren. Es lohnt sich, vom Parkplatz noch eine kleine Wanderung über einen Pfad oberhalb des kleinen Sees zu unternehmen, um einen schönen Blick auf den Sommeiller-Gletscher zu werfen.

Mit durch Steinschlag blockierte Piste ist immer zu rechnen.

Den Felsbrocken sollte man nicht zu Nahe kommen, aber gleichzeitig auch die scharfkantigen Steine im Blick haben, die die Reifen beschädigen können.

Historie zum Colle Sommeiller

Benannt wurde der Pass nach dem französischen Ingenieur Germain Sommeiller (* 15. März 1815 in Saint-Jeoire, † 11 Juli 1871 in Saint-Jeoire), der für den Bau des 12 km langen Fréjus-Tunnels verantwortlich war.

Bis Mitte 2007 war der Sommeiller der höchste Punkt der Alpen, der der legal von Geländefahrzeugen angefahren werden konnte. Dies ist nun die Bergstation des Bontadini-Lifts nahe Cervinia, welche jedoch nur zu bestimmten Veranstaltungen für den Verkehr freigegeben ist.

Beim Sommeiller handelt es sich nicht um ein altes Militärsträßchen, sondern der Weg wurde angelegt um das ehemalige Skigebiet, welches nach einem schweren Lawinenunglück in den 1960er Jahren aufgegeben wurde, zu erschließen.

Einmal im Jahr, anlässlich des Motorradtreffens Stella Alpina wird der Weg grob ausgebessert und etwas Instand gesetzt. Die Stella Alpina findet immer am zweiten Sonntag im Juli statt und ist das höchstgelegene Motorradtreffen der Welt. Vor dieser Zeit ist es aufgrund der Schneelage in den höheren Regionen recht unwahrscheinlich, dass man die Passhöhe erreichen kann. Als beste Zeit für eine Befahrung hat sich die erste Septemberwoche erwiesen.

Auf dem Hochplateau befindet sich ein See mit über das Jahr stark variierendem Wasserstand. Früher stand auf dem Hochplateau das Rifugio Ambin, ein ehemaliges Hotel (bzw. Wetterstation), das durch Lawinen zerstört und zwischen September 2004 und Oktober 2005 abgerissen wurde. Am südöstlichen Rand des Hochplateaus liegt ein Hügel, auf dem mehrere Fahnenstangen stehen (3.050 m). Dies ist der Fahnenhügel, das Ziel zahlreicher Motorrad- und Geländewagenfahrer aus ganz Europa, für diese die Befahrung des Hügels eine Herausforderung war. Durch eine Holzbarriere zwischen dem Plateau und dem See ist der Fahnenhügel heute nicht mehr zu befahren. Auf dem Fahnenhügel ist seit dem 22. Januar 2004 ein virtueller GeoCache platziert.

Der eigentliche Gipfel Punta Sommeiller ist 3.333 m hoch und nur zu Fuß über ein steiles Schotterfeld zu erreichen.

THEMA

So süüüüß! Und lecker!
Das Alpen-Murmeltier

Murmelfleisch wurde früher häufig in der Küche verwendet. Auch wenn dies heute selten geworden ist, finden sich im Internet eine Reihe von Rezepten. Die offizielle Webseite des österreichischen Bundeslandes Tirol (Seitenüberschrift „Murmeltiere – so süüüüß! Und lecker!“) warb bis etwa 2011 noch mit einem Kochrezept um Touristen: „Murmeltierfleisch ist sehr zu empfehlen! Gut zubereitet ist es eine Delikatesse.“ Dem Aufwand bei der Zubereitung dürfte

zu verdanken sein, dass das Murmeltier heute nicht mehr in den Kochbüchern steht. „Frischem Fleische haftet ein so starker erdiger Wildgeschmack an, dass es dem an diese Speise nicht Gewöhnten Ekel verursacht“, heißt es in Brehms Tierleben. Vor allem das Fettgewebe gilt als kaum genießbar. Das aus diesem Grunde gut entfettete Tier wurde deshalb vor dem Braten zusätzlich geräuchert oder gekocht und das Kochwasser weggeschüttet.

Bis 60 cm groß und 7 kg schwer

Für Nagetiere sind Murmeltiere sehr groß: Sie haben je nach Art eine Kopf-Rumpf-Länge von 30 bis 60 Zentimeter, hinzu kommt ein 10 bis 25 Zentimeter langer Schwanz. Das Gewicht liegt zwischen drei und sieben Kilogramm. Die Farbe des Murmeltierfells unterscheidet sich von Art zu Art, ist aber meistens bräunlich. Der Körper der Tiere ist gedrungen mit einem kurzen Schwanz und kurzen, abgerundeten Ohren. Die Beine sind ebenfalls kurz und gedrungen.

In Mitteleuropa sind Murmeltiere im Hochgebirge heimisch; auch in Asien haben sich einige Arten an ein Leben in alpinen Höhen angepasst. Typischer für die Gattung der Murmeltiere sind jedoch die Arten, die Grassteppen bewohnen, zum Beispiel das Steppenmurmeltier, das im Osten Polens vorkommt.
Das Verbreitungsgebiet ist relativ geschlossen von Osteuropa über Nord- und Zentralasien bis Ostsibirien und Xinjiang. In Mitteleuropa gibt es nur in den Alpen, den Karpaten und der Hohen Tatra wildlebende Murmeltiere sowie eingeführte in den Pyrenäen. In Nordamerika leben die meisten Arten in subarktischen Breiten Kanadas. Das Waldmurmeltier ist in der gesamten Nordhälfte der Vereinigten Staaten verbreitet.

Die Tunnelbaumeister

Die tagaktiven Murmeltiere bauen sehr ausgedehnte Gangsysteme, welche aus Fluchtröhren und separatem Dauerbau bestehen können. Oftmals ist es schwierig, diese zu unterscheiden, da nicht jeder Bau fertiggestellt und genutzt wird, zumal auch tote Gänge, die „Toiletten“, vorhanden sind. Die Gänge können eine Länge von 10 bis 70 Meter haben; der bisher gemessene Rekord war ein Tunnel von 113 Meter Länge.
Am Tage verlassen die Murmeltiere ihre Baue. Sie sind vorwiegend am Boden

aktiv und können kaum klettern. Ihre Nahrung sind Gräser und Kräuter, seltener Früchte, Samen und Insekten.

Den Winter verschlafen

Murmeltiere halten einen ausgedehnten Winterschlaf, der zwischen sechs und sieben, aber auch bis zu neun Monate dauern kann. Der Schlafkessel wird dafür mit weichem Gras ausgepolstert, in dem sich die Tiere zusammenrollen. Für diese lange Ruhezeit fressen sie sich während der wenigen Sommermonate große Fettreserven an. In der saisonalen Ruhephase können sich Darm und Magen energiesparend um die Hälfte verkleinern. Während des Winterschlafs sinkt die Atmung auf etwa zwei Züge pro Minute und der Herzschlag von 200 auf 20 Schläge pro Minute. Der Energieverbrauch sinkt auf weniger als zehn Prozent. Um die 1200 Gramm Körperfett reichen so für den Winter. Sobald die Nahrung im Herbst nicht mehr ausreichend Energie liefert und die Fettspeicherzellen maximal gefüllt sind, begeben sich die Murmeltiere in den Winterschlaf. Dieser Zeitpunkt fällt oft mit der ersten Kältewelle oder dem ersten Schneefall zusammen. Das Erwachen wird über die Außentemperatur ausgelöst.

Das Sozialverhalten

Das Alpenmurmeltier lebt in Kolonien zusammen, die aus einem dominanten Paar sowie deren jüngeren Verwandten bestehen. Murmeltiere begrüßen sich, indem sie die Nasen aneinander reiben und die Köpfe zusammenstecken. Nach etwa zwei Jahren verlassen die ausgewachsenen Murmeltiere die Kolonie; danach können sie versuchen, die Führung einer fremden Kolonie zu gewinnen, wofür sie das dortige dominante Männchen vertreiben und dessen Nachwuchs töten. Murmeltiere verständigen sich untereinander durch im Kehlkopf erzeugte Schreie, die vom Menschen als Pfeiftöne wahrgenommen und leicht mit Vogelstimmen verwechselt werden können. Die Schreie werden auch zur Ankündigung von Gefahr ausgestoßen, wobei je nach sozialem Rang des Rufers Flucht bis Reaktionslosigkeit die Folge sind.
Nach einer Tragzeit von dreißig Tagen bringen Murmeltiere zwei bis fünf Junge zur Welt.

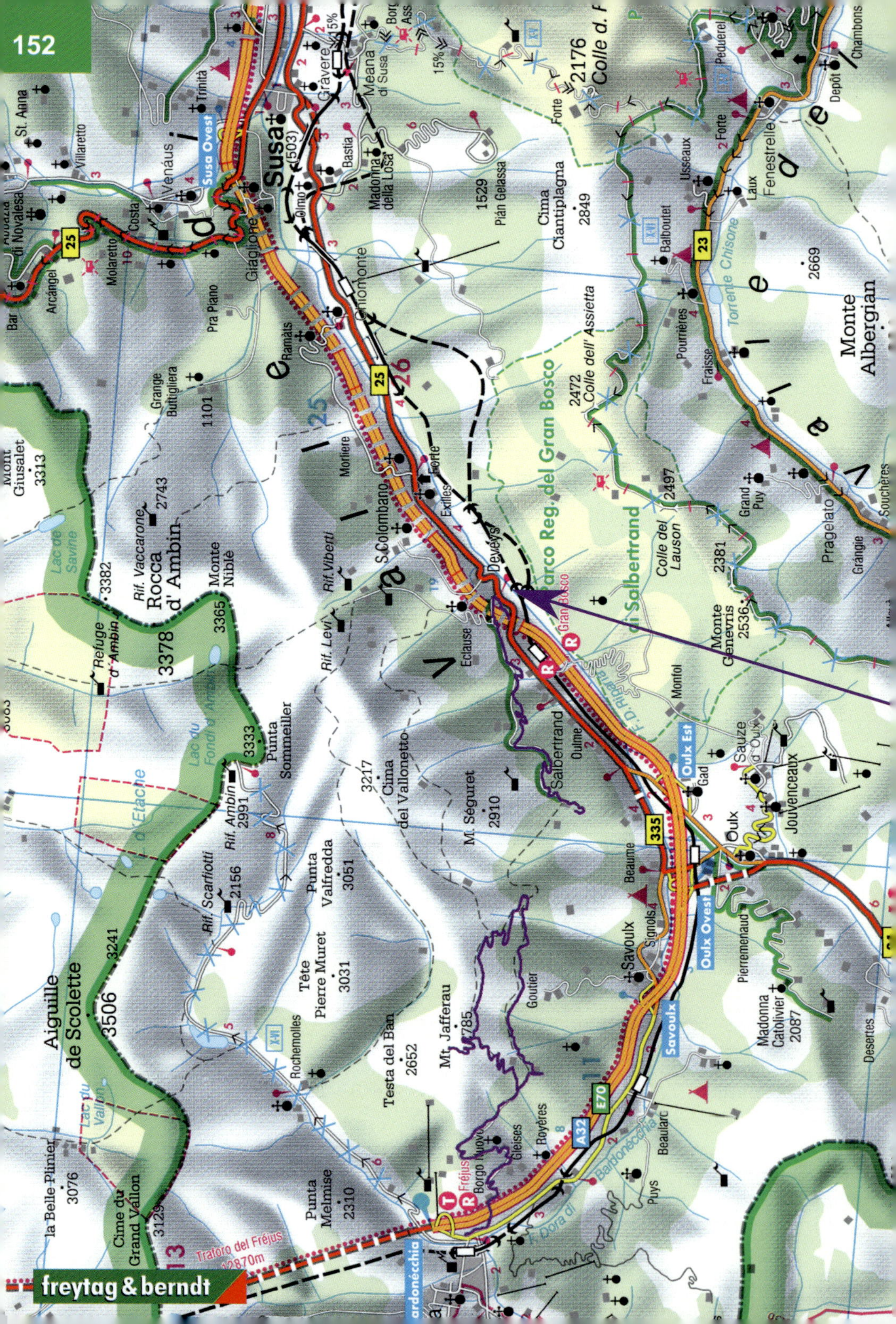

Susa
Susa Ovest
Meana di Susa
Gravere
Bastia
Madonna della Losa
Pián Gelassa
1529
Cima Ciantiplagna
2849
Colle d. Finestre
2176
Forte
Venàus
Trinità
St. Anna
Villaretto
Novalesa
Arcángel
Molaretto
Costa
Giaglione
Olmo
Chiomonte
Pra Piano
Ramats
Grange Buttigliera
1101
Monte Giusalet
3313
Rocca d' Ambin
2743
Rif. Vaccarone
Monte Niblè
3382
3378
3365
Refuge d' Ambin
Lac de Savine
Rif. Levi
Rif. Vitberti
Moriliere
Forte
Exilles
S.Colombano
Deveys
Eclause
Parco Reg. del Gran Bosco di Salbertrand
Gran Bosco
2472
Colle dell' Assietta
2497
Colle del Lauson
2381
Monte Genevris
2536
Monfol
Salbertrand
Oulme
Oulx Est
Oulx
Gad
Sauze d' Oulx
Jouvenceaux
Oulx Ovest
Pierremenaud
Madonna Catolivier
2087
Desertes
Beaume
Signols
Savoulx
Goutier
M. Séguret
2910
Cima del Vallonetto
3217
Punta Sommeiller
3333
Lac du Fond d' Ambin
Rif. Ambin
2991
Rif. Scarfiotti
2156
Punta Valfredda
3051
Tête Pierre Muret
3031
Mt. Jafferau
2785
Testa del Ban
2652
Rochemolles
Aiguille de Scolette
3506
3241
Lac du Vallon
la Belle Plinier
3076
Cime du Grand Vallon
3129
Punta Melmise
2310
Royères
Gleises
Borgo Nuovo
Fréjus
Traforo del Fréjus
12870m
Bardonécchia
Beaulard
Puys
Dora di Bardonécchia
Savoulx
A32
E70
25
23
335
Usseaux
Balboutet
Pourrières
Fraisse
Torrente Chisone
Monte Albergian
2669
Laux
Fenestrelle
Forte
Depôt
Chambons
Pequerel
Pragelato
Grand Puy
Souchères
Grangie
freytag & berndt

R16 Monte Jafferau

*****

Land: Italien, Gebiet: Piemont
Ausgangspunkt: Salbertrand
Endpunkt: Bardonéccia

Fahrzeugklassen FZK	Schwierigkeit SG	Zeitbedarf Stunden	Kilometer Gesamt	Kilometer Offroad	Reisezeit Monat
1-2	3	6	49,3	38,5	07 - 08

16a) über Fort Pramand zum Gipfelfort des Monte Jafferau
zurück über Fort Foens (Westrampe) nach Bardonéccia
Länge Rundkurs: 49,3 km

16b) Abfahrt über die Skipiste
Länge: 6,0 km

Schneefall ist von Mitte September bis Anfang Juni möglich.

Besonderheiten

900 m langer, gekrümmter Tunnel, Höhe etwa 2,80 m
Engstelle auf der Abfahrt im Ort Gleise wegen einer schmalen Häusergasse: max. Breite: 2,30 m, max. Höhe: 2,70 m
Beschilderung: Breite 2,30 m, Höhe 2,50 m, Gewicht 3,5 t

Der Monte Jafferau ist ein beliebtes Ziel vieler Enduro-Fahrer und Allradler. Berühmt ist er durch seinen 900 m langen, gekrümmten Tunnel, dessen Durchfahrt äußerst spannend ist. Wegen Baufälligkeit und der Gefahr von Steinschlag war die Durchfahrt einige Jahre gesperrt. Nach der Sanierung ist der Tunnel seit 2018 wieder befahrbar.

Der Tunnel war lange Zeit wegen Bauarbeiten gesperrt. Jetzt ist er wieder befahrbar.

Mit der Weiterfahrt über Fort Foens nach Bardonéccia ergibt sich ein lohnenswerter Rundkurs in der einmaligen Gebirgswelt des Susatals.

Das Gipfelfort auf 2.805 Meter Höhe ist stark zerfallen, bietet dennoch eine gute Fotokulisse. Beim Kasernenblock unterhalb des Gipfelforts ergibt sich eine schöne Campmöglichkeit.

Achtung

Die Befahrung mit Kraftfahrzeugen ist vom 01. Mai bis 30. November an zwei Tagen in der Woche erlaubt, mittwochs und samstags. Alle anderen Tage und Feiertags ist die Route gesperrt.

Vom Susatal aus kann man folgende Routen miteinander kombinieren:

13) Assietta-Kammstraße
14) Rifugio Selleries
15) Colle Sommeiller
16) Monte Jafferau
17) Passo della Mulattiera

Anfahrt / Routenbeschreibung

Von Torino fährt man die A 32 über Susa bis zur Abfahrt Salbertrand. Der Einstieg ist ca. 2 km hinter Salbertrand Richtung Susa, **WP 16ax01** (km-Stand 0,0). Links geht eine schmale Teerstraße ab (Schilder Pramand, Eclause), der wir folgen. Sie führt am Fort Fenil vorbei, bei **WP 16ax03** geht rechts der Abzweig nach Eclause, wir fahren geradeaus und passieren die kleine Kapelle Moncellier, hier endet der Asphaltbelag, **WP 16at04**. Die einspurige Piste führt durch Nadelwald in einigen Kehren bergauf (kein Reversieren), ist grob geschottert und etwas holprig mit einigen Auswaschungen, SG 1.

Zunächst gewinnen wir im Nadelwald an Höhe.

Wir erreichen den Sattel (2.074 m), der oft im Nebel liegt, **WP 16ax06** (km-Stand 11,5) mit Tischen u. Bänken u. Platz zum Parken für mehrere Fahrzeuge. Links geht ein sehr schmaler und äußerst ruppiger Weg mit tiefen Auswaschungen, die eine hohe Bodenfreiheit erfordern, (SG 3) zum Fort Pramand, 1,3 km (2.157 m hoch, Sackgasse) **WP 16ar07**.

Im Befahrungsjahr war die Auffahrt zum Fort Pramand nur mit FZK 1 möglich und extrem schwierig, SG 4. Tiefe Auswaschungen waren ohne Achssperren nicht zu schaffen.

Wir folgen rechts dem Weg und sind nach weiteren ca.1,5 km am Tunnelportal, **WP 16aw08**. Am Eingang des Tunnels fließt uns ein Bach entgegen. Im Tunnel ist es stockdunkel, Wasser tropft an vielen Stellen von der Decke, die Fahrt ist durch tiefe Wasserpfützen und Auswaschungen erschwert, SG 2.

Trotz der Sanierung ist die Fahrt durch die schmale, dunkle und gekrümmte Röhre spannend.
Auch im Sommer tropft Wasser von der Decke und ein Bach bildet sich im Stollen.

Mehrmals geht es nach links um die Kurve, im letzten Drittel besteht eine breite Stelle mit Ausweichmöglichkeiten für den Gegenverkehr, erst kurz vor dem Ausgang wird es wieder hell. (Eigentlich sollte man vor der Einfahrt in den Tunnel hupen, um den Gegenverkehr zu warnen. Wir haben es ausprobiert, aber unser Mitfahrer hat die Hupe nicht gehört, obwohl wir nur einige hundert Meter entfernt waren und er seinen Motor ausgeschaltet hatte. Notfalls sollte man auch ein Stück rückwärts durch den Tunnel fahren können.)
Nach dem Tunnel hat die Piste einige Auswaschungen und Gräben, SG 1, stellenweise SG 2. An der Gabelung, **WP 16ax10**, fahren wir rechts weiter bergauf. (Links Abfahrt über die Westrampe, Fort Foens.)

Die Flächen der ehemaligen Forts und Kasematten eignen sich gut als Camp für die Nacht.

Über einen Gebirgskamm führt die Piste auf den Sattel, bei **WP 16ax11** geht ein schmaler Weg zu einer alten Kasernenruine ab, an der man gut campen kann. Um den Sattelbereich, in der Nähe der Ruine wächst Edelweiß, man muss schon genau hingucken.
Die letzten 2 km bis zum Gipfel führen über eine schmale, holprige Piste, in engen Kehren muss man reversieren, SG 3. Etwa 50m unterhalb des Gipfelforts endet die Piste an einem engen Wendeplatz (2.795 m), Platz für 3-4 Fahrzeuge, **WP 16ae12** (km-Stand 26,3). Das Gebirgspanorama von Monte Jafferau in alle Richtungen ist einmalig schön.

Vom Gipfelfort bietet sich ein grandioser Rundblick.

Vom Wendeplatz führt nach Westen ein holpriger, steiler Weg über die Skipiste runter nach Bardonéccia, Route 16b.

Wir fahren zurück zu **WP 16ax10** und biegen rechts Richtung Fort Foens ab. Die Piste ist schmal, ohne Ausweichmöglichkeit (nur im Bereich des Forts können sich Fahrzeuge begegnen). Notfalls muss man die Strecke auch rückwärts meistern können.

Die Strecke bietet eine schöne Aussicht ins Susa-Tal.
Auf der anderen Talseite verläuft die Assietta-Kammstraße.

Das Fort Foens lohnt kaum eine Besichtigung, bei unserer letzten Befahrung war es leider sehr mit Abfall und Müll verunreinigt.)
Entlang eines Steilhangs geht es auf schmaler Piste durch Nadelwald, 4,2 km bis wir auf die Straße treffen, die von dem Ferienort Gleise hier hoch führt, **WP 16ax16**, links Richtung Bardonéccia. (Rechts trifft man bald auf die Skipiste, Track 16b.) In Gleise passieren wir eine schmale Häusergasse, **WP 16aw17**, max. Breite: 2,30m, max. Höhe: 2,70m.
Danach biegen wir zweimal links ab und sind in Bardonéccia, T-Kreuzung Hauptstraße S335, **WP 16ax20**, rechts geht es zurück nach Oulx.

Track 16b

Abfahrt über die Skipiste:

Bei Regen ist die Strecke nicht empfehlenswert, teils lange, extrem steile Abschnitte, mit tiefen Wasserrinnen und Auswaschungen erfordern fahrerisches Können, SG 3. In einer Kehre führt links ein Abzweig zur Bar Capannina (300 m), **WP 16bx03**, die im Sommer nur an wenigen Wochenenden geöffnet hat. Von dort ist die Weiterfahrt verboten. Die steilen Passagen werden weniger, es geht am Hotel Belvedere vorbei. An der Gabelung, **WP 16ax05** fahren wir links hinter dem Hotel Jafferau entlang und kommen ins Tal. Ab **WP 16ax06**, gleiche Wegführung wie Route 16a, **WP 16ax16** nach Bardonéccia.

Extrem steil und extrem steinig führt die Skipiste ins Tal. Bei schlechtem Wetter nicht zu empfehlen.

Es gibt kaum Ausweichmöglichkeiten im steilen Hang.

Das Fort Pramand bietet einen ruhigen Platz für die Nacht.

THEMA

Edelweiß - die Blume der Alpen
Legenden und Mythen

Entgegen weit verbreiteter Ansicht ist das Alpen-Edelweiß keine Steilfels-Pflanze. Zwar besiedelt es auch Felsbänder, aber gemäß seiner ursprünglichen Herkunft aus hochgelegenen Steppengebieten kommt es weit eher in alpinen Rasen vor, insbesondere seit es dank größeren Naturschutzbewusstseins nicht mehr an allen leicht zugänglichen Stellen gepflückt wird. Solche Praxis hatte es eher an schwerer zugänglichen Stellen überleben lassen.

Edelweiß - eine Pflanze der Höhenlagen

Das Alpen-Edelweiß findet sich somit auf Kalksteinfelsen, auf steinigen Wiesen und Rasen, und – seltener – auf Almwiesen. In der Regel wächst das Edelweiß auf Höhenlagen zwischen 1.800 und 3.000 Metern.
Das Alpen-Edelweiß ist nach der letzten eiszeitlichen Kaltzeit aus den Hochsteppen Zentralasiens in die Alpen „eingewandert“. Damals waren die Alpen vegetationsfrei und steppenähnlich, denn der Eispanzer, der die meisten Berge bedeckt hatte, war gerade erst abgeschmolzen. Verwandte des Alpen-Edelweißes kommen in hochgelegenen Steppengebieten Innerasiens und in Ostasien vor.

Die Blüte, die keine ist

Die scheinbare Blüte ist ein Blütenstand, nur eine Scheinblüte. Die Schaufunktion entsteht durch die dicht weißfilzigen Hochblätter. Die eigentlichen Blüten sitzen zu vielen Hunderten, in einzelne Blütenkörbe organisiert, inmitten des Sterns beisammen und bilden zusammen mit den Hochblättern eine bestäubungsbiologische Einheit.

Der blendend weiße Schimmer auf den Hochblättern entsteht dadurch, dass tausende kleine Luftbläschen an dem vielfach durcheinander gewirkten, krausen Haar das einfallende Licht reflektieren. Dies dient als Signal für nektarsuchende Insekten, als Verdunstungsschutz und als Schutz vor Wärmeverlust.

Die Blütezeit reicht von Juli bis September. Fünf bis fünfzehn weiß glänzende Hochblätter formen einen mehrzackigen Stern und umgeben den eigentlichen Blütenstand. Die zwei bis zwölf gleichartigen körbchenförmigen Teilblütenstände enthalten jeweils 60 bis 80 weißgelbe Röhrenblüten. Die sehr schmalen Röhrenblüten am Rand sind weiblich. Sie werden auch Fadenblüten genannt. Weiter einwärts stehen größere männliche Röhrenblüten.

Das Alpen-Edelweiß ist eine überwinternd grüne, ausdauernde krautige Pflanze, die Wuchshöhen von 5 bis über 20 Zentimetern erreicht. Die oberirdischen Pflanzenteile sind wollig-weißfilzig, wobei die schmal lanzettlichen, etwa 5 Zentimeter langen Laubblätter besonders an der Unterseite stark behaart sind.

Romantische Mythen

Bekannt wurde die Pflanze zuerst als Symbol der österreichischen Kaiserin Elisabeth (Sissi). Ein 1865 gemaltes Porträt des Malers Franz Xaver Winterhalter zeigt die Kaiserin Elisabeth mit neun in ihr Haar geflochtenen künstlichen Edelweiß-Sternen. Der Schmuck aus Edelmetall und Diamanten wurde in den Jahren nach 1850 vom damaligen Hof- und Kammerjuwelier Alexander Emanuel Köchert entworfen und gestaltet. Um die alpine Pflanze ranken sich in der k. u. k Monarchie mit der zunehmenden Verehrung der Kaiserin Sissi immer mehr romantische Mythen. Nur verwegenen Kletterern gelänge es, ein Edelweiß zu pflücken. Es verkörpere Werte wie Mut, Treue und Gemeinschaft. Das Edelweiß solle gemäß solchen Mythen aus Tränen entstanden sein, welche die Eisjungfrau über die Untreue ihres geliebten Jägers vergoss. Vor ihrem Todessprung zauberte sie darauf Tränen in Form von Edelweißsternen an den dortigen Felsen. Jeder, der nach dem Edelweiß in den Felsen greife, solle fortan zu Tode kommen. Um ein Aussterben der symbolträchtigen Art zu verhindern, wurde sie schon früh unter Naturschutz gestellt. Bald wurde das Edelweiß als Symbol von zahlreichen alpinen Vereinen und Verbänden übernommen.

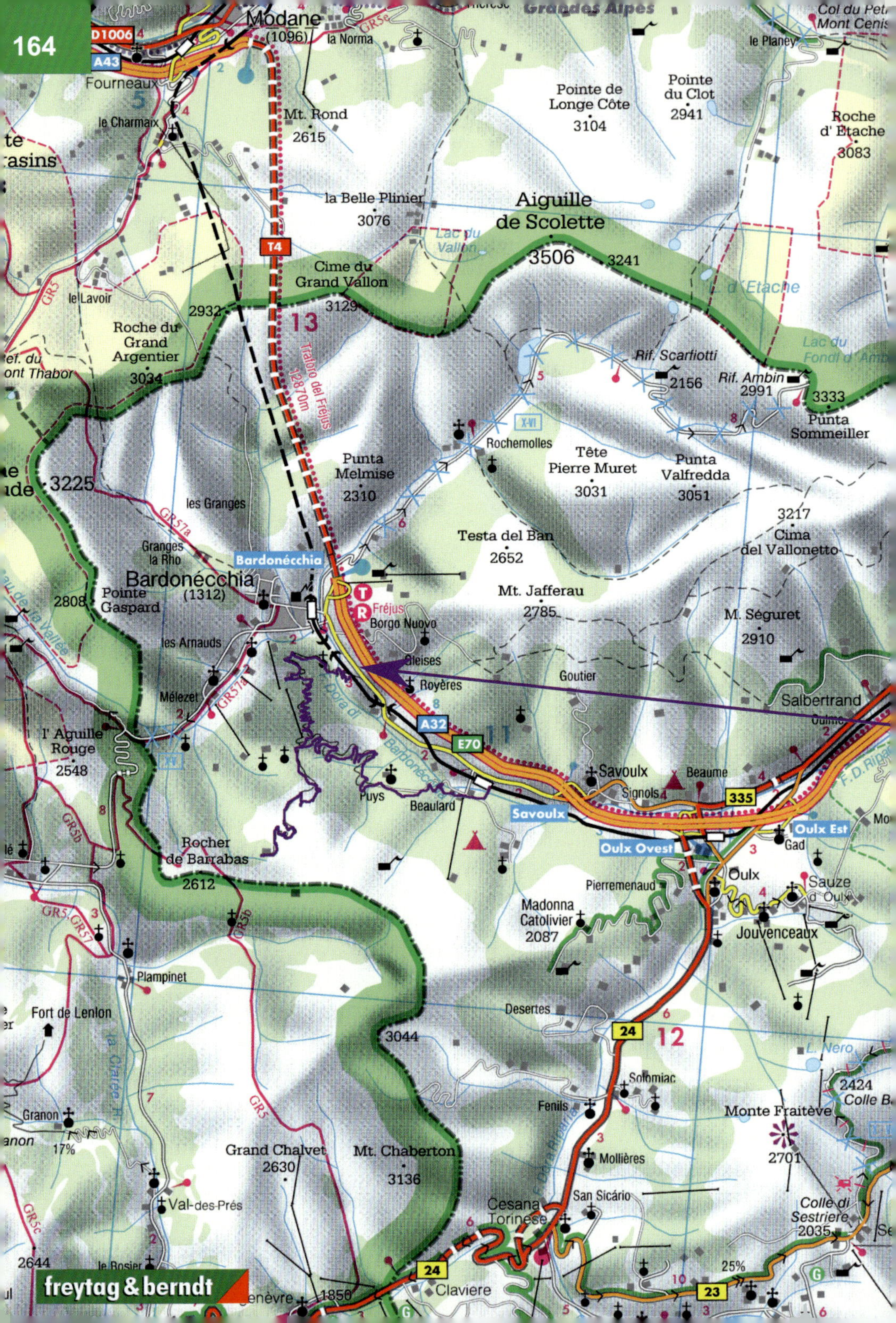
Modane
(1096)
la Norma
Fourneaux
le Charmaix
Mt. Rond
2615
Pointe de
Longe Côte
3104
Pointe
du Clot
2941
Roche
d' Etache
3083
le Planey
Col du Petit
Mont Cenis
Grandes Alpes
la Belle Plinier
3076
Aiguille
de Scolette
3506
3241
Lac du
Vallon
L. d' Etache
Cime du
Grand Vallon
3129
le Lavoir
2932
Roche du
Grand
Argentier
3034
Traforo del Fréjus
12870m
Rif. Scarfiotti
2156
Rif. Ambin
2991
3333
Punta
Sommeiller
Lac du
Fond d' Ambin
Rochemolles
Tête
Pierre Muret
3031
Punta
Valfredda
3051
Punta
Melmise
2310
3225
les Granges
Granges
la Rho
Testa del Ban
2652
3217
Cima
del Vallonetto
Bardonécchia
(1312)
Pointe
Gaspard
2808
Fréjus
Borgo Nuovo
Mt. Jafferau
2785
M. Séguret
2910
les Arnauds
Gleises
Royères
Goutier
Salbertrand
Mélezet
l' Aguille
Rouge
2548
Dora di Bardonécchia
Puys
Beaulard
Savoulx
Beaume
Signols
Savoulx
Oulx Ovest
Oulx Est
Gad
Oulx
Sauze
d' Oulx
Rocher
de Barrabas
2612
Pierremenaud
Madonna
Catolivier
2087
Jouvenceaux
Plampinet
Desertes
Fort de Lenlon
3044
L. Nero
2424
Colle B.
Solomiac
Fenils
Monte Fraitève
2701
Granon
17%
Grand Chalvet
2630
Mt. Chaberton
3136
Mollières
San Sicário
Colle di
Sestriere
2035
Cesana
Torinese
Val-des-Prés
le Rosier
1850
Claviere
25%
D1006
A43
A32
E70
T4
335
24
23
GR5
GR5a
GR57a
GR5b
GR5c
GR57

R17 Passo della Mulattiera **

Land: Italien, Gebiet: Piemont
Ausgangspunkt: Bardonèccia
Endpunkt: Beaulard

Fahrzeugklassen FZK	Schwierigkeit SG	Zeitbedarf Stunden	Kilometer Gesamt	Kilometer Offroad	Reisezeit Monat
1	2	2	18,3	14,6	06 - 09

Wintersperre vom 01. Dez. bis 30. April

Besonderheit:

Nach Regenfällen kann der erste Abschnitt durch den Wald rutschig werden und das Profil der Reifen zusetzen, sodass sich der Schwierigkeitsgrad auf 2 erhöht.

Durch dichten Mischwald schlängelt sich die Piste kurvenreich bis zur Bergkuppe Punta Colomion auf 2.033 Meter Höhe. Von dort ist der Anstieg bis zum Passo della Mulattiera mittlerweile mit einem Fahrverbot belegt und kann nur noch zu Fuß erkundet werden. In mehreren Serpentinen geht es wieder hinab ins Susa-Tal nach Beaulard.

Im Susatal können folgende Routen miteinander kombiniert werden:
13) Assietta-Kammstraße
14) Rifugio Selleries
15) Colle Sommeiller
16) Monte Jafferau
17) Passo della Mulattiera

Anfahrt/Routenbeschreibung:

Von Torino fährt man die A 32 über Susa bis zur Abfahrt Oulx. In Oulx weiter Richtung Bardonèccia (SP 335).
Kurz vor Bardonèccia (1.132 m) geht links eine Straße ab, **WP 17ax01**, Holzschild „museo forte Bramafan", (großes Hinweisschild: Wintersperre vom 01. Okt. bis 31. Mai, max. Fahrzeugbreite 2,30 m, max. Geschwindigkeit: 30 km/h).
Durch die Eisenbahnunterführung, direkt danach rechts über eine Holzbrücke, führt die Piste durch Mischwald bergauf, SG 1. Bei Regen ist die Strecke etwas lehmig und rutschig, dann SG 2. Die Fahrbahn ist gut einspurig breit, in den Kehren muss aber meistens reversiert werden.
An der Gabelung, **WP 17ax02** fahren wir links an einer kleinen Kapelle vorbei weiter. (Rechts der Weg führt zum Fort Bramafan, nur noch wenige 100 m, für Fahrzeuge gesperrt.) Der Weg wird schmaler, dicht geht es an Bäumen und Ästen vorbei, teils steil bergauf, nach Regen kann es einige rutschige Stellen geben, SG 2. Das letzte Stück fahren wir teils auf der Skipiste (an den seitlichen Fangnetzen zum Abhang hin zu erkennen) bevor wir bei **WP 17ah07** die Bar Punta Colomion (2.033 m) erreichen, zu der auch ein Skilift führt. Kurz danach gabelt sich die Piste, WP 17ax08 (km-Stand 9,7). Rechts geht es hinauf zum Passo della Mulattiera (2.412 m), ca. 4 km, hier steht das Fahrverbotsschild.

Links führt der Weg hinab nach Beaulard, der etwas breiter und besser zu befahren ist, als die Auffahrt von Bardonèccia, in den Kehren muss nicht reversiert werden. Zwei Mal geht es über schmale Holzbrücken, bevor wir am Weiler Puy vorbeikommen, **WP 17ax10**, wir fahren geradeaus weiter. Bei **WP 17ax11** treffen wir auf die Asphaltstraße, die von Beaulard nach Puy führt und biegen rechts ab ins Tal. Bald sind wir an den ersten Häusern von Beaulard, **WP 17ax12**. wir fahren durch den Ort weiter bergab, bei **WP 17ax14** führt die Straße unter der Eisenbahnbrücke durch, (max. Höhe 2,80 m). Direkt danach sind wir an der T-Kreuzung der Hauptstraße (SP 335), links geht es Richtung Bardonèccia, rechts nach Oulx bzw. Susa.

3073
Crête du Queyrellin
2936
Lac du Queyrellin
Rif. de Ricou
L. Long
L. Laramon
des Gardioles
la Clarée R.
le Jadis
Chap. Ste. Maria
Ref. de Chardonnet
Lacha
le Cros
Sallé
Névache
l' Aiguille Rouge
2548
Mélezet
GR57a
Rocher de Barrabas
2612
2830
Tête Noire
2917
Lac de Cristol
GR5
GR57
GR5b
Plampinet
le Casset
27
le Monétier les-Bains
la Guisane R.
GR50
Roche Gauthier
2750
Fort de Lenlon
la Clarée R.
2552
797
les Guibertes
le Freyssinet
le Serre Barbin
Route des Grandes Alpes
D1091
2413
Col de Granon
Granon
17%
GR57
Grand Cha
2630
le Bez
la Salle les-Alpes
Val-des-Prés
Col de ngettes
2684
2698
2830
Lac de l'Eychauda
Fréjus
Chantemerle
Champcella
le Villard-Laté
St.Chaffrey
Chap. St. Arnoul
GR5c
2644
le Rosier
Montgenèvre
2625
Roche Gaultier
les Alberts
N94
21
la Vachette
illon
2483
Serre-Chevalier
Sommet du Prodel
2566
le Janus
2543
Chambran
BRIANÇON
(1326)
le Fontenil
Cime de la Condamine
2939
les Combes
Puy-St. Pierre
Fontchristianne
Fort d
Gondr
Pont-de-Cervières
Chamandrin
Puy-St. André
2455
Sommet des Anges
les Claux
St. Antoine
Sachas
Ratière
D902
Villard-St. Pancrace
Pic de Montbrison
2825
Terre Rouge
le Poët en Pelvoux
16%
Vallouise
Prelles
le Villaret
Fort de la Lausette
GR50
Parcher
St. Martin-de Queyrières
le Laus
Bouchier
les Ayes
D994
les Pres
les Vigneaux
Queyrières
Grand Peygu
2801
la Gyronde Torr.
Pic de Peyre Eyraute
2903
N94
GR5
Route des Grandes Alpes
la Bâtie
Ste. Marguerite
2091
2064
Chalets de l' Orceyrette
Chalets Chalets de l' Eychaillon
Col d' Izoard
l' Argentière-la Bessée
Lac de l'Ascension
freytag & berndt

R19 Croix de Toulouse

***

Land: Frankreich, Gebiet: Hochdauphiné
Ausgangspunkt: Briançon
Endpunkt: Aussichtspunkt, Croix de Toulouse

Fahrzeugklassen FZK	Schwierigkeit SG	Zeitbedarf Stunden	Kilometer Gesamt	Kilometer Offroad	Reisezeit Monat
1	1	2	14,0	3,6	06 - 09

Schneefall ist von Mitte September bis Anfang Juni möglich.
Besonderheit: tolle Aussicht auf Briançon und Umgebung

Dieses schmale Sträßchen bietet enormen Fahrspaß, in 15 engen Kehren windet es sich dicht an der Felswand entlang nach oben. Nur der obere Bereich ist Piste, am Aussichtspunkt angekommen, wird man mit einem fantastischen Tiefblick auf Briançon und die mächtigen Festungsanlagen belohnt. Kombinationsmöglichkeit mit Route 20 (Col de la Cucumelle).

Routenbeschreibung

Von Briançon (1.321 m), der höchst gelegenen Stadt Europas, fahren wir nach Norden auf die N 91 Richtung Grenoble. Nach ca. 2 km biegen wir rechts ab auf die D 1091, Richtung Krankenhaus, **WP 19ax01** (km-Stand 0). Kurz darauf ist ein Abzweig nach links, dem wir folgen. (Hinweisschild: Croix de Toulouse, D 232, max. Gewicht: 5 t.)

Zunächst ist die Asphaltstraße zweispurig, doch dann folgt die ca. 4 km lange, spannende Fahrt über 15 enge Kehren, in denen reversiert werden muss. Die einspurige Straße führt dicht an der Felswand entlang, auf der anderen Seite geht es senkrecht nach unten, nur für Schwindelfreie! Es gibt kaum Ausweichmöglichkeiten für Gegenverkehr, daher sollte das Fahrzeug auch rückwärts gut beherrscht werden.

Nach der Serpentinenstrecke kommt man an ein paar Häusern vorbei, hier endet die Asphaltdecke, **WP 19at04**. Über eine schmale Schotterpiste geht es bis zum Aussichtspunkt (1.993 m), **WP 19ae05** (km-Stand 7,0). (Bestes Fotolicht am Nachmittag mit Blick auf die Stadt und die mächtigen Festungsanlagen.) Gute Wendemöglichkeit und eine Wiese eignet sich auch zum Campen.

Campmöglichkeit auf einer kleinen Wiese am Aussichtspunkt.

Briançon

Blick vom Aussichtspunkt mit einem Fernglas auf die Festungsanlage.

Im Jahr 1692 zerstörte ein Großbrand die heutige Oberstadt. Wegen ihrer strategisch wichtigen Lage nach Italien wurde sie jedoch in dieser Zeit von Vauban neu aufgebaut und in ein stark ausgebautes Festungssystem integriert, das neben der Oberstadt und einer Zitadelle auch mehrere kleinere Festungen umfasste. Dieses System widerstand 1815 einem Angriff der Österreicher und 1940 italienischen Angriffen. Seit dem 7. Juli 2008 gehören die Zitadelle, das Fort Salettes, das Fort des Têtes, das Fort du Randouillet und der Pont d'Asfeld mit anderen Werken in ganz Frankreich zum UNESCO-Weltkulturerbe „Festungsanlagen von Vauban“.

2764
D902
Camp des Rochilles
GR57a
2902
Roche Château
Mt. Thabor
3181
Ref. du Mont Thab
Roche Bernaude
GR57
Ref. des Drayères
Roche de la Grande Tempête
3008
Lac du Lavoir
Grand Galibier
3229
2646
Galibier
L. des Cerces
Lac des Béraudes
3073
2989
Crête des Gardioles
Lac Blanc
L. Long
L. Laramon
Rif. de Ricou
2058
Col du Lautaret
la Madeleine
Rés. Nat.
le Combeynot
D1091
Lac du Queyrellin
Crête du Queyrellin
2936
le Jadis
Chap. Ste. Maria
la Clarée R.
GR57a
Lac de Combeynot
3155
le Lauzet
Ref. de Chardonnet
Lacha
le Cros
Sallé
Névache
le Fontenil
Tête de Pradieu
2879
2830
Tête Noire
2917
Lac de Cristol
Roche Gauthier
2750
le Casset
27
le Monêtier les-Bains
GR50
GR54
la Guisane R.
Têtes de Sto. Marguerite
2797
2552
Glacier d'Arsine
Pic des Agneaux
3663
Refuge des Écrins
le Freyssinet
les Guibertes
le Serre Barbin
2413
Col de Granon
Granon
GR57
Route des Grandes Alpes
D1091
Refuge du Glacier Blanc
Col de Grangettes
2684
2698
2830
le Bez
la Salle les-Alpes
Gl. de Séguret Foran
Lac de l'Eychauda
Fréjus
Chantemerle
le Villard-Laté
St. Chaffrey
Chap. St. Arnoul
2644
GR5c
Champcella
2625
Roche Gauthier
2483
Serre-Chevalier
Sommet du Prodel
2566
Cime du Paillon
2793
Chambran
Refuge du Pelvoux
Ailefroide
BRIANÇON
(1326)
Cime de la Condamine
2939
les Combes
Puy-St. Pierre
Puy-St. André
Chamandrin
Pont-de-Cervières
les Claux
St. Antoine
Sachas
Ratière
la Blanche
2954
Pic de Montbrison
2825
Villard-St. Pancrace
le Poët en Pelvoux
Vallouise
Prelles
le Villaret
freytag & berndt

R20 Col de la Cucumelle ****

Land: Frankreich, Gebiet: Hochdauphiné
Ausgangspunkt: Villeneuve
Endpunkt: Le-Monêtier-les-Bains

Fahrzeugklassen FZK	Schwierigkeit SG	Zeitbedarf Stunden	Kilometer Gesamt	Kilometer Offroad	Reisezeit Monat
1	4	6	30,7	27,5	06 - 09

Schneefall ist von Mitte September bis Anfang Juni möglich.
Besonderheit: Sehr steile Auf- u. Abfahrten, die Piste ist im oberen Abschnitt nur sehr wenig befahren.

Das Panorama vom Pelvoux-Gebirge bei der Orientierungstafel am Serre-Chevalier ist sehr eindrucksvoll. Die Piste zum Col de la Cucumelle ist wegen steiler Auf- u. Abfahrten und engen Kehren nur für den geübten Geländefahrer zu empfehlen.

Achtung: Obwohl wir keinerlei Verbotsschilder gesehen haben, sind wir am Serre-Chevalier darauf aufmerksam gemacht worden, dass die Anfahrt zu dem Aussichtspunkt verboten sei. Auf der Weiterfahrt haben wir mit einem Franzosen gesprochen, der die Viehgatter instand hält. Er selbst hat für die Benutzung der Piste eine Sondergenehmigung und war sich nicht sicher, ob die Befahrung für Touristen gestattet ist. Die genaue Rechtslage konnten wir vor Ort nicht erkunden. Bisher haben wir von anderen Reisenden nur das Feedback, dass es keine Verbotsschilder gibt. Wir haben daher die Route bei der Neuauflage im Tourenbuch gelassen.
Bußgelder für das unerlaubte Fahren von Schotterwegen können in der Region bis zu 400,- € betragen.

Anfahrt / Routenbeschreibung

Die Anfahrt zum Col de la Cucumelle erfolgt auf Wegen, die zur Erhaltung der zahlreichen Skilifte rund um den Serre-Chevalier angelegt wurden. Die Orientierung ist teils etwas schwierig, wegen der vielen Pisten, die zu den einzelnen Skiliftstationen führen.

Ausgangspunkt ist Villeneuve (1.401 m), ca. 7 km nördlich von Briançon an der N 91. Am Ortsausgang (von Briançon kommend) biegen wir links ab, **WP 20ax01** (km-Stand 0,0). Direkt nach der Brücke über den Fluss folgen wir rechts der schmalen Asphaltstraße am Fluss entlang. Kurz darauf beginnt der Schotterbelag, **WP 20ax03**, vorbei an Tennisplätzen und an einem Kieswerk geht die Piste im Nadelwald bergauf, **WP 20aw04**. Die Piste ist grob geschottert und breit ausgebaut, die Kehren sehr großzügig angelegt, mit gelegentlichen Wasserablaufrinnen, SG 1. Teils fahren wir auf der Skipiste, an den seitlichen Fangnetzen zum Abhang hin erkennbar. Bei **WP 20ax08** geht rechts eine Piste zum Dorf Frejus, wir fahren geradeaus am Dorf vorbei.

Zunächst ist die Piste breit ausgebaut und grob geschottert.

An der Liftstation Frejus, **WP 20ax10** (km-Stand 8,4) fahren wir geradeaus auf erdigem

Untergrund sehr steil bergauf, Steigung bis zu ca. 28 %. Es haben sich tiefe, schlammige Furchen gebildet, SG 3. Bei **WP 20ax12** geht rechts die Piste zum Col de la Cucumelle weiter. Geradeaus kann man noch 4,0 km über die Liftstation „Casse du Boeuf", **WP 20aw14**, bis zum Aussichtspunkt mit Orientierungstafel am Serre-Chevalier (2.487 m) fahren, **WP 20ae16**, Endpunkt, Sackgasse. Die schmale Piste geht über schwarzes, teils scharfkantiges Gestein sehr steil bergauf, SG 3.

28% Steigung auf losem Untergrund erfordern Allradantrieb.

(Am Serre-Chevalier wurden wir von einem Touristenführer darauf aufmerksam gemacht, dass die Anfahrt zum Aussichtspunkt verboten sei. Ob die Piste über den Col de la Cucumelle frei befahrbar ist, konnte er uns nicht sagen. Verbotsschilder haben wir keine entdeckt.)

Wir fahren zurück bis **WP 20ax12** und biegen links ab. Auf schmaler Piste mit steilen Abschnitten geht es vorbei an einem Gebäude und an einem Speicherbecken, SG 3. Der Weg ist nur sehr wenig befahren und hat einige tiefe Auswaschungen.

Die Gebirgskette des Pelvoux-Massivs ist zum Greifen nahe.

Von rechts mündet bei **WP 20ax18** eine Piste ein, die vermutlich von der Frejus-Liftstation direkt herauf führt. Teils fahren wir auf der Skipiste, kurz darauf biegen wir an der Gabelung, **WP 20ax19** rechts ab, es folgt eine sehr steile Kehre mit grobem Schotter, SG 4 bis hinauf zum Col de la Cucumelle (2.582 m), **WP 20aw20** (km-Stand 20,2 incl. Serre Chevalier).

Die Abfahrt ist steil und man sollte sich nicht fürchten, auf losem Schotter dicht am Abgrund entlang zu fahren.

Die Abfahrt über groben, losen Schotter vom Pass mit ca. 35 % Gefälle erfordert etwas Mut, SG 4. Steinschlag kann die Piste verengen oder gar versperren. Am Col de l'Eychauda, **WP 20ax22**, (Skilift-Station) fahren wir rechts weiter. Die Piste ist nun wieder besser und führt in breiten Kehren sehr steil bergab, SG 2.

Im Tal treffen wir auf eine Asphaltstraße, **WP 20ax26** und fahren rechts weiter. (Bei WP 20aw28 ist ein großer Wohnmobilstellplatz mit kostenloser Wasserversorgungsstation.)
In Le-Monêtier-les-Bains erreichen wir die N 91, Endpunkt der Route, **WP 20ax29** (km-Stand 30,7). Rechts geht es nach Villeneuve bzw. Briançon zurück, links nach Grenoble.

Guillestre
(983)
St. Clément-sur-Durance
Barbein
St. Alban
Languieu
Risoul
D902
les Fasis
St. Étienne
Forêt de Risoul
Gaudissard
l'Hivernet
2824
St. Marcellin
Châteauroux-les-Alpes
Siguret
Lac de Siguret
les Chalps
la Reste
2526
Col de Vars
2111
St. Marcel-de-Vars
17%
Torr. de Palps
le Mileu
la Durance R.
St. André-d'Embrun
1797
les Florins
les Rauffes
Pramouton
Caléyère
le Petit Puy
Embrun
(870)
Pic Saint André
2857
2262
les Claux
le Villard
les Vabres
Torr. de Crévoux
Pic de Crévoux
2650
Praveyral
la Chalp
St. Sauveur-les-Augustins
Baratier
les Gaillards
Crévoux
2837
Crots
Colle della Maddalena
1996
le Pic Haut
2503
le Château
St. Jean-des-Crots
le Serre
les Orres
Forest
Intra
Torr. des Vachères
Tour du Lac de Serre-Ponçon
30'
la Montagne
le Melezet
Pramouton
Bois de la Ville
Grand Parpaillon
2988
Tête de Vallon Clao
2940
Torr. de Boscodon
Tête de la Mazelière
2461
Pic de Boussolenc
2832
Rav. de Parpaillon
le Pouzenc
2898
Lac de Sainte Marguerite
l'Aupillon
2917
Grand Bérard
3048
Col de la Pare
2655
2984
Tête de Louis XVI
2408
la Pare
la Pare
2214
St. Jacques
Rioclar
les Prats
Jausiers
Bouzoulières
les Sanières
les Davids
D900
le Martinet
Méolans
les Thuiles
la Frache
Faucon-de-Barcelonnette
D900
la Lauze
St. Pons
l'Ubaye Rivière
les Guérins
(1136)
freytag & berndt

R21 Col de Valbelle

✱✱✱

Land: Frankreich, Gebiet: Hochdauphiné
Ausgangspunkt: St-André-d'Embrun
Endpunkt: Risoul

Fahrzeugklassen FZK	Schwierigkeit SG	Zeitbedarf Stunden	Kilometer Gesamt	Kilometer Offroad	Reisezeit Monat
1+2	2	6	27,7	22,6	06 - 09

Schneefall ist von Mitte September bis Anfang Juni möglich.

Besonderheit

Die Befahrung ist nur in der beschriebenen Richtung möglich (Einbahnstraßenregelung), beim Einstieg von Risoul ist ein Fahrverbotsschild angebracht.

Der Col de Valbelle ist recht einfach zu befahren und bietet fantastische Ausblicke auf die Bergregion um die Barre des Ecrins.
Kombinationsmöglichkeit mit **Route 22** (Col de Parpaillon), die den selben Ausgangspunkt hat.

Anfahrt/Routenbeschreibung:

Von Briançon kommend fährt man die N 94 bis zur Abfahrt Embrun und folgt den Schildern nach St-Andrè-d'Embrun, der Ort liegt auf der gegenüberliegenden Talseite der Durance. Etwa einen Kilometer vor dem Ortsanfang biegen wir rechts ab, **WP 21ax01**. An der folgenden Gabelung folgen wir der Straße links, **WP 21ax02**, während **Route 22** rechts herum weiter führt.

Gerade fahrzeugbreit lehnt sich die Piste an den Hang.

Der Einstieg ist bei **WP 21ax05**, rechts führt ein schmaler, holpriger Weg in Kurven bergauf, zurück ergeben sich schöne Ausblicke in das Tal der Durance. Die Strecke ist nur wenig befahren und hat kaum Ausweichmöglichkeiten für den Gegenverkehr, teils geht es eng an Geröllhalden vorbei, SG 2.
Bei **WP 21ax08** (Holzschild „Col de la Coche") fahren wir rechts die Piste weiter. (Links führt eine schmale Straße zurück zu **WP 21ax05**.)
Hier ist ein Schild angebracht, dass die Strecke vom 10.11. bis 31.03. gesperrt ist.

Wegen der Staubentwicklung sollte man bei Montainbikern und Wanderern anhalten.

Es geht an einem schön angelegten Picknickplatz mit Quelle vorbei. Danach überqueren wir eine kleine gepflasterte Furt, **WP 21af10**, und befinden uns oberhalb der Baumgrenze. Ein letzter Anstieg führt zum Col de Valbelle auf 2.389 Meter.

Bei Wetterumstürzen mit dichtem Nebel werden solche Strecken schnell gefährlich.

Oberhalb der Baumgrenze ist der Verlauf der Piste stellenweise exponiert. Dies bietet etwas Fahrspaß und einen grandiosen Ausblick ins Tal.

Bergab begleitet uns das wunderbare Gipfelpanorama bis zum Skiort von Risoul. Oberhalb der Hotels und Ferienhäuser zweigt rechts eine Piste zum Col de Vars ab, die aber einem Fahrverbot unterliegt, **WP 21ax14**.

Die Bergstationen der Skilifte sind im Sommer mit dem Geländewagen anfahrbar und bieten eine weite Aussicht in die Bergwelt.

Wir fahren geradeaus und folgen im Urlaubsort der Hauptstraße, **WP 21ax16**, Endpunkt der Route. Über mehrere Serpentinen geht es auf 2-spuriger Asphaltstraße zum eigentlichen Ort Risoul und nach Guillestre.

Im Sommer ist hier im Wintersportort wenig los.

St. Clément-sur-Durance
Barbein
(983)
Languieu
Risoul
D902
St. Alban
les Fasis
St. Étienne
Forêt de Risoul
Gaudissard
Sommet de Cugule
2517
le Rioubel Torr.
St. Marcellin
Châteauroux les Alpes
Siguret
Lac de Siguret
les Chalps
Torr. de Chagne
Refug Basse
la Reste
2526
Col de Vars
2111
St. Marcellin-de-Vars
Ste. Catherine
27
la Durance R.
17%
le Mileu
1791
Torr. de Palps
les Florins
St. André d'Embrun
Ste. Marie-de-Vars
les Baumes
Pramouton
Embrun
(870)
Pic Saint André
2857
2262
les Claux
le Villard
les Vabres
torr. de Crévoux
Pic de Crévoux
2650
St. Sauveur-les-Augustins
Praveyral
la Chalp
Baratier
les Gaillards
Crévoux
2837
2787
Colle della Maddalena
1996
le Pic Haut
2503
le Serre
les Orres
Forest
le Château
Intra
des Vachères
du Lac de Serre-Ponçon
Route des Grandes Alpes
le Melezet
Bois de la Ville
Pramouton
Grand Parpaillon
2988
Tête de Vallon Claous
2940
D902
Tête de la Mazelière
2461
Pic de Boussolenc
2832
GR6 GR56
Tournoux
Rav. de Parpaillon
les Gleizolles
Fort des Corres
e Pouzenc
2898
Lac de Sainte Marguerite
Parpaillon
l'Aupillon
2917
Grand Bérard
3048
la Condamine-Châtelard
Col de la Pare
2655
2984
Villard-Haut
la Pare
la Pare
Rioclar
les Prats
2214
Jausiers
Guégnier
D900
les Sanières
Bouzoulières
les Davids
Méolans
37
les Thuiles
la Frache
Faucon-de-Barcelonnette
D900
l'Ubaye Rivière
le Lauze
St. Pons
les Guérins
Lans
freytag & berndt
(1136)
2408
Barcelonnette

R22 Col de Parpaillon

****

Land: Frankreich, Gebiet: Hochdauphiné
Ausgangspunkt: St-André-d'Embrun
Endpunkt: La Condamine-Châtelard

Fahrzeugklassen FZK	Schwierigkeit SG	Zeitbedarf Stunden	Kilometer Gesamt	Kilometer Offroad	Reisezeit Monat
1+2	3	6	44,2	28,9	06 - 09

Schneefall ist von Mitte September bis Anfang Juni möglich.

Besonderheit
Höhe des Tunnels: knappe 3 Meter
Achtung, Felsabrutschungen oder Schneereste im Tunnel sind dabei unberücksichtigt.

Der Col de Parpaillon gehört zu den Highlights unter den Offroad-Strecken in den Westalpen. Er führt durch eine reiche alpine Flora und Fauna, ist bis auf wenige Stellen recht einfach zu befahren und daher eine gute Übungsstrecke für Offroad-Anfänger. Im 500 m langen Scheiteltunnel können sich Erdabrutschungen und tiefe Schlaglöcher bilden. Kombinationsmöglichkeit mit der Route 21, Col de Valbelle, dessen Anfangspunkt derselbe ist.

Anfahrt / Routenbeschreibung:

Von Briançon kommend fährt man die N 94 bis zur Abfahrt Embrun und folgt den Schildern nach St-Andrè-d'Embrun, der Ort liegt auf der gegenüberliegenden Talseite der Durance. Der Abzweig zum Col de Parpaillon befindet sich 900 Meter vor dem Ortsanfang, **WP 22ax01**, rechts ab.
Am Straßenrand gibt ein Schild den Hinweis auf den Scheiteltunnel (offen/geschlossen), der bis zum Frühsommer wegen Vereisung gesperrt sein kann.
Nach 900 Metern zweigt links **Route 21** ab, WP 22ax02, wir fahren rechts herum die Kurve aus. Die Asphaltstraße führt allmählich bergauf durch die kleinen Bergdörfer Crévoux und La Chalp. Nach 12,8 km endet der Asphaltbelag bei einem Park- u. Picknickplatz, **WP 22ax05**. Über eine 1 ½ Spur breite, gute Schotterpiste geht es weiter bergauf, zunächst noch im Nadelwald, SG 1. In einigen Kehren, die meist ohne Reversieren zu meistern sind, schraubt sich die Piste weiter nach oben.

Sobald wir aus dem Wald heraus sind, haben wir eine gute Sicht auf eine riesige Felswand.

Vorsicht ist auf der Parpaillon-Strecke bei Regen und während der Schneeschmelze angebracht. Der Untergrund der nicht randgesicherten Strecke besteht hier zum Teil aus lehmigem Boden und dieser wird bei feuchtem Wetter schnell zur Rutschbahn.

Bis zum Scheiteltunnel (2.644 m), **WP 22ax08** (km-Stand 24,8) ist die Strecke einfach zu befahren, SG 1, Ausweichen für den Gegenverkehr ist kein Problem.

Kurz vor dem Scheiteltunnel eröffnet sich eine grandiose Fernsicht.

Im 500 m langen Tunnel, der durch große Holztore verschließbar ist, können sich durch Frost und Regen Erdabrutschungen und große Wasserlöcher bilden. In manchen Jahren sind auch im Juni noch großflächige Vereisungen der Fahrbahn im Tunnel anzutreffen. Dadurch besteht die Gefahr, seitlich gegen die Tunnelwand zu rutschen. Sowohl vor dem Tunnel als auch danach hat man phantastische Ausblicke in die Gebirgswelt.

TUNNEL DU PARPAILLON
SI C 741
DEFENDER

Vor den Tunnelportalen gibt es eine ebene Stellfläche für 2-3 Fahrzeuge. Wer im Fahrzeug übernachten kann (z.B. Dachzelt) wäre nach Einbruch der Dunkelheit in der Bergwelt, auf rund 2.600 m Höhe, allein.

Der berühmt-berüchtigte Scheiteltunnel des Col du Parpaillon kann es in sich haben: Der Untergrund im Tunnel variiert je nach Wetter und Jahreszeit von tiefen Pfützen über schmierigen Schlamm bis zur soliden Eisplatte.

Hinter dem Tunnel ist die Piste grob geschottert und holprig, es besteht in dem ersten Abschnitt Gefahr von Steinschlag. Dadurch können auf der schmalen Piste Engstellen entstehen, SG 2, stellenweise SG 3.

Nach einigen Kehren sind wir in einem Hochtal und fahren über eine Holzbrücke, ab hier wieder SG 1. Wir kommen an der kleinen Kapelle St. Anna vorbei, **WP 22ax12**, es beginnt der Asphaltbelag. In weiteren Serpentinen geht es nun schnell talwärts, in La Condamine-Châtelard sind wir auf der D 900, **WP 22ax15** (km-Stand 46,5) Endpunkt der Route. Links führt die Straße über den Col de Larche nach Italien.

Kurz vor dem Col de Larche sind die Ausgangspunkte für **Route 23**, Roche la Croix und **Route 24**, Col de Mallemort.

Die Süd-Ost-Rampe ist deutlich anspruchsvoller. Nach Regenfällen und im Frühjahr kann die Befahrung der Piste durch Steinschlag erschwert sein.

St. Marcellin-de-Vars
Ste. Catherine
Ste. Marie-de-Vars
Lac Sainte Anne
Pic de la Font Sancte
3387
Combe-Brémond
Maljasset
Ubaye R.
la Barge
Pic du Pel
3217
Pic des Houerts
3236
Lac Vert
les Claux
2262
2837
2787
Colle della Maddalena
1996
St. Antoine
Aiguille de Chambeyron
3411
Intra
13
Serenne
Fouillouze
Refuge de Chambeyron
Route des Grandes Alpes
St. Paul-sur-Ubaye
Tête de Vallon Claous
2940
D902
Rifúgio Stroppia
3193
Tête de la Courbe
3088
GR5,GR56
GR6,GR56
Rav. de Parpaillon
Tournoux
Chiappera
St. Ours
les Gleizolles
Fort des Corres
Meyronnes
Fort de Maillemont
Ubayette Torr.
la Condamine-Châtelard
Certamussat
17
Larche
Tête de Siguret
3032
Villard-Haut
Maison-Méane
M. Orona
3104
Jausiers
Guégnier
D900
Torr.d´Abriès
Col de Larche
1948
Colle della Maddalena
les Sanières
les Davids
l' Ubac
D900
l' Ubaye Rivière
Lans
Tête de Fer
2885
la Chalannette
Serre Bouréou
Grángie
Arc
2307
2777
Lac du Lauzanier
Torrente Puriac
M. Enciastráia
2955
2820
2653
Lac de Pelouse

R23 Roche la Croix

✱✱✱

Land: Frankreich, Gebiet: Hochprovence und Seealpen
Ausgangspunkt: Meyronnes
Endpunkt: Fort inférieur und Fort supérieur

Fahrzeugklassen FZK	Schwierigkeit SG	Zeitbedarf Stunden	Kilometer Gesamt	Kilometer Offroad	Reisezeit Monat
1	3	2	16,2	15,0	06 - 09

Schneefall ist von Mitte September bis Anfang Juni möglich.

Diese kurze Route führt zu zwei interessanten Forts aus dem 2. Weltkrieg, die eine Besichtigung lohnen. Vom unteren Fort (inférieur) hat man einen guten Blick auf den Col de Larche. Der Weg zum oberen Fort (supérieur) ist sehr schmal mit engen Kehren.

Zusammen mit **Route 24**, Col de Mallemort, die auf der gegenüberliegenden Hangseite verläuft, lohnt sich die Anfahrt. Über den Col de Larche gelangt man auch zum Ausgangspunkt für die **Route 25** (Maira-Stura-Kammstraße).

Routenbeschreibung

Von Briançon ist die **Route 22** (Col de Parpaillon) empfehlenswert, um zum Ausgangspunkt zu gelangen.

Am Ortsausgang von Meyronnes (1.547 m) biegen wir rechts ab und folgen dem Holzschild „Roche la Croix“, **WP 23ax01** (km-Stand 0,0). Zunächst geht es über eine schmale Betonbrücke (8 t). Danach sind über eine betonierte Piste die ersten engen Kehren zu überwinden, in denen reversiert werden muss, keine Ausweichmöglichkeit, SG 2.

Die schmale Betonbahn macht die Auffahrt auch bei Regenwetter sicher.

Kurz darauf beginnt der Schotter, **WP 23ax02**, durch Nadelwald geht es weiter bergauf. Bei **WP 23ax04** treffen wir auf eine 2. Zufahrt zu den beiden Forts aus dem Tal von der D 900, die aber im Befahrungsjahr gesperrt war.

Nach den ersten Serpentinen wieder SG 1, an einer Quelle vorbei folgen wir bei der Gabelung, **WP 23ax05** rechts dem Auto-Schild, links geht der Wanderweg weiter. An der nächsten Gabelung ist es umgekehrt, **WP 23ax06**, wir folgen links dem Auto-Schild, der Wanderweg geht rechts weiter.

Der Fahrweg durch den Nadelwald ist teilweise zugewachsen. Äste schleifen am Lack.

Bei **WP 23ax07** (km-Stand 4,9) biegt man links ab und gelangt nach etwa einem Kilometer zum unteren Fort Inférieur (1.909 m), **WP 23ar08**, weiterhin SG 1.

Das Fort hat einen langen Fußgängertunnel aus Stahlplatten am Fels entlang, der die Soldaten vor feindlichen Geschossen schützen sollte.

Auf dem schmalen Schotterweg nach oben sind die Kehren extrem eng.

Fährt man bei **WP 23ax07** rechts bergauf, so gelangt man über einen 2,2 km langen, holprigen, schmalen Weg zum oberen Fort Supérieur (2.093 m). Wegen teils engen Stellen am Hang mit etwas Seitenneigung SG 3. Am oberen Fort enger Wendeplatz und nur Parkmöglichkeiten für max. 3 Fahrzeuge, **WP 23ar09**.

Die alten Bunker und Forts können frei begangen werden. Eine Taschenlampe und festes Schuhwerk ist erforderlich.

THEMA

Natur in den Bergen
Die Gams

Die Gämse bewohnt den ganzen Alpenraum, Teile des Balkans und der Karpaten. Auch im Kaukasus und Anatolien kommen Gämsen vor. In Spanien, dem südwestlichen Frankreich und Mittelitalien leben die einer anderen Art angehörenden Pyrenäen-Gämsen. Das größte Revier Europas befindet sich im Hochschwabgebiet in der Steiermark. Nach Auswilderungen existieren zudem wieder kleine Populationen im Lausitzer Gebirge, im Schwarzwald, dem Naturpark Obere Donau, den Vogesen, dem Jura sowie auf der Fränkischen Alb. Der Lebensraum Hochgebirge ist ein Rückzugsraum, die frühere Verbreitung der Gämse in Mittelgebirgen konnte durch archäologische Funde belegt werden. Noch vor 4.000–7.000 Jahren kam die Gämse in den meisten Teilen Deutschlands und Frankreichs vor.
Das Tier hält sich am liebsten im oberen Waldgürtel auf, steigt im Sommer aber häufig weiter ins Gebirge empor. Wenn die Gämse weiter unten zu sehr gestört wird, geht sie selbst in die unzugänglichsten Gebiete, von wo aus sie mit Anbruch des Tages die Grasplätze zwischen den Felsen besucht. Im Spätherbst und Winter rückt sie weiter in die Wälder herab.

Ihre Lebensweise

Weibchen und Jungtiere leben in Herden von 15 bis 30 Tieren. Die sozialen Bande ändern sich mit den Jahreszeiten. Im Sommer sind sie sehr intensiv. Zum Winter hin wird der Herdenzusammenhalt lockerer und manche Herden vermischen sich oder lösen sich auf. Böcke leben einzelgängerisch und suchen erst im Spätsommer eine Herde auf. Sie vertreiben die männlichen Jungtiere, wenn sie alt genug sind und behaupten sich in Kämpfen gegen Geschlechtsgenossen. In der zweiten Novemberhälfte erfolgt dann die Paarung. Ende Mai oder Anfang Juni wirft die Gämse ein, selten zwei oder drei Junge, die bald der Mutter folgen und drei Monate gesäugt werden. Die Tragzeit beträgt sechs Monate. Die Geißen werden nach zwei Jahren geschlechtsreif. Im dritten Jahr ist das Junge ausgewachsen. Die Gamsböcke erreichen ein Alter von 15 Jahren, die Weibchen werden bis zu 20 Jahre alt.

Die Gams ist auf das Leben im Hochgebirge besonders gut vorbereitet: Dank ihrer spreizbaren Hufe (Schalen) und hartgummiartigen Sohlen kann sie im felsigen Gelände bis zu zwei Meter hohe und sechs Meter weite Sprünge absolvieren und in abschüssigem Gelände bis zu 50 km/h schnell sein. Durch einen ungewöhnlich hohen Anteil roter Blutkörperchen wird ihr Körper auch bei hoher körperlicher Leistung mit ausreichend Sauerstoff versorgt. Das Besondere ist ihr Herz: Ein Gamsherz hat ein sehr großes Volumen und sein Muskel ist wesentlich dicker als bei „Flachlandsportlern", wie etwa dem Reh. Dadurch übersteht Gamswild wenn nötig bis zu 200 Herzschläge pro Minute.

Ihre Nahrung besteht aus vor allem jungen Trieben der Alpensträucher (Alpenrose, Erle, Weide, Wacholder, Kiefer) und Bäumen, sowie aus Kräutern, Blättern und Gräsern, im Winter auch aus Moos und Flechten.

Feinde

Raubtiere wie Luchs, Wolf und Bär stellen ihnen nach. Der Steinadler schlägt hin und wieder Gamskitze.
Gämsen sind außerdem durch herabrollende Steine und Felsstücke gefährdet sowie durch Lawinen (besonders frühe Herbstlawinen sind häufig tödlich für viele Gamskitze), in strengen Wintern auch durch Futtermangel.

Bejagung

Die Jagd auf Gämsen findet aufgrund ihrer Lebensweise meist im Hochgebirge statt. Da Gämsen keinen steilen Grat und keine felsigen Gegenden scheuen, ist die Jagd mühsam und oft gefährlich. Der tatsächlich bejagbare Bestand ist oft sehr gering, da durch die widrigen Umweltbedingungen insbesondere im hochalpinen Winter viele Jungtiere nicht überleben. Auch können Seuchen wie Gämsblindheit, Räude und andere parasitäre und infektiöse Erkrankungen für hohe Todesraten mitverantwortlich sein.
Der natürliche Lebensraum des Gamswildes ist auch ein attraktiver Erholungsraum für uns Menschen. Durch Skifahrer, Mountainbiker, Drachenflieger, Offroader und viele mehr flüchtet das Gamswild in tiefer gelegene Wälder und nutzt diese als Einstandsgebiet. Jedoch sind viele Waldbereiche als Schutzwälder vor Lawinenabgängen ausgewiesen. Hier darf

Gamswild leider das ganze Jahr über abgeschossen werden und genießt keine Schonzeit, die gerade im Frühjahr sehr wichtig wäre.

Die Abschussquoten sind in in Österreich und der Schweiz stabil, sie lagen 2015/16 bei 20.370 Tieren in Österreich und 13.000 Gämsen in der Schweiz. Die Gämsenpopulation in der Schweiz nimmt seit Jahren kontinuierlich ab. Die Abschusszahlen waren nicht den tatsächlichen Gegebenheiten angemessen, sodass eine Überjagung die Bestände dezimiert hat. Besonders auf Faktoren wie Klimaveränderungen, neue Prädatoren und zunehmenden Tourismus sei zu wenig Rücksicht genommen worden.

Verwertung

Das Fleisch der Gämsen ist wohlschmeckend und wird hoch geschätzt; das Gamsfell gibt schönes Leder, das vor allem zu Hosen und Handschuhen verarbeitet wird. Die Hörner werden zu Stockgriffen und die Haare auf dem Widerrist der Böcke als Hutschmuck (Gamsbart) verarbeitet.
Im Magen der Gämsen findet man zuweilen die sogenannten Gämskugeln (Bezoar). Dieselben wurden wegen vermeintlicher arzneilicher Wirksamkeit ebenso wie das Gamsblut früher teuer bezahlt, sind aber ohne Wert. Jung eingefangen, lassen die Gämsen sich mit Ziegenmilch ernähren und werden sehr zahm, bisweilen pflanzen sie sich in der Gefangenschaft fort.

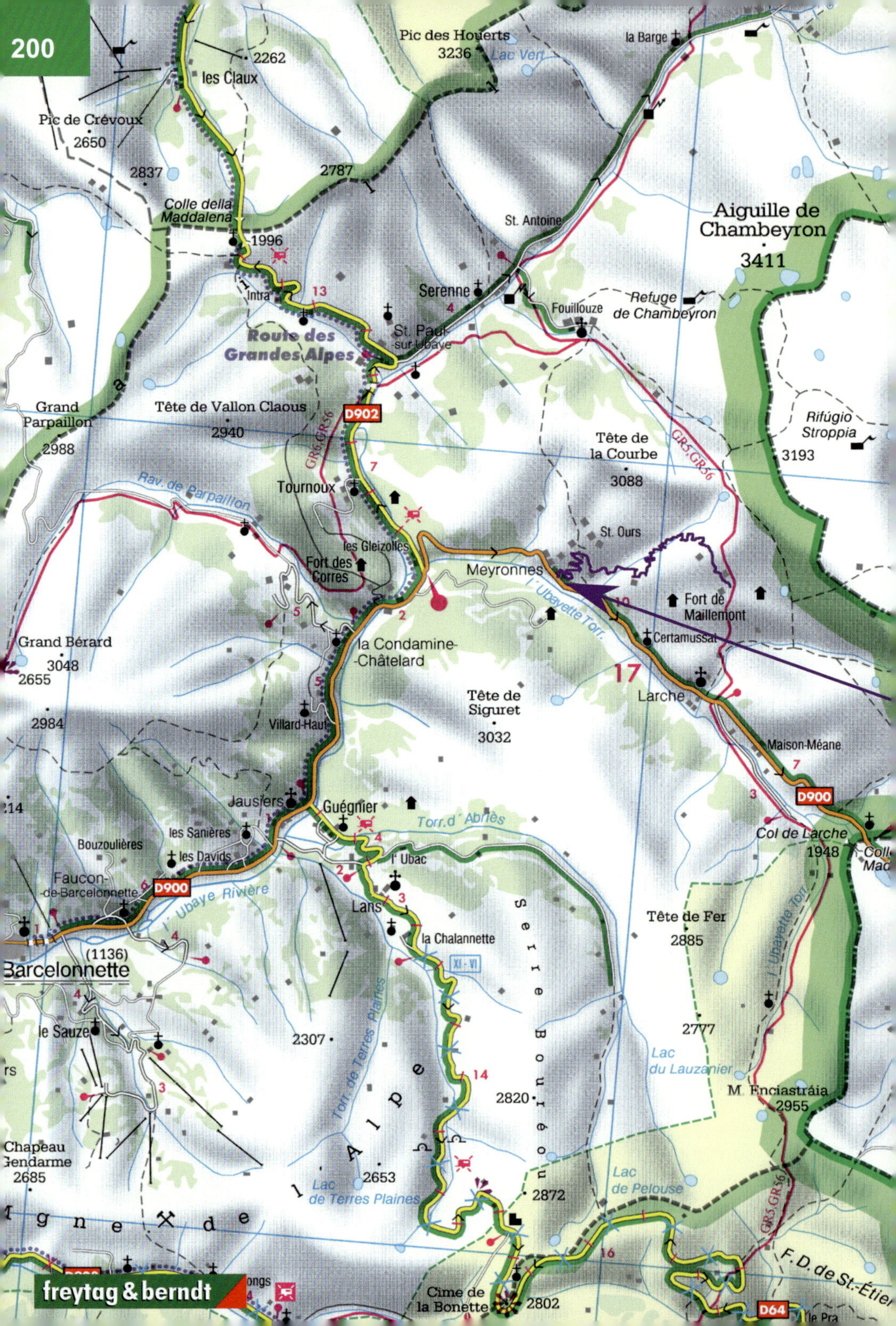

Pic des Houerts
3236
Lac Vert
la Barge
2262
les Claux
Pic de Crévoux
2650
2837
2787
Colle della Maddalena
1996
St. Antoine
Aiguille de Chambeyron
3411
Intra
13
Serenne
4
Refuge de Chambeyron
Fouillouze
Route des Grandes Alpes
St. Paul sur-Ubaye
Grand Parpaillon
2988
Tête de Vallon Claous
2940
D902
GR6,GR56
Rifúgio Stroppia
3193
Tête de la Courbe
3088
GR5,GR56
7
Tournoux
Rav. de Parpaillon
St. Ours
les Gleizolles
Fort des Corres
Meyronnes
l'Ubayette Torr.
Fort de Maillemont
10
5
2
Certamussat
Grand Bérard
3048
2655
la Condamine-Châtelard
17
Tête de Siguret
3032
Larche
2984
Villard-Haut
Maison-Méane
7
3
D900
Jausiers
Guégnier
Torr.d' Abriès
Col de Larche
1948
les Sanières
Bouzoulières
les Davids
4
l' Ubac
2
Faucon-de-Barcelonnette
6
D900
l' Ubaye Rivière
3
Lans
Tête de Fer
2885
1
4
(1136)
Barcelonnette
la Chalannette
XI - VI
Serre Bouréou
l'Ubayette Torr.
4
le Sauze
2307
Torr. de Terres Plaines
2777
Lac du Lauzanier
3
14
M. Enciastráia
2955
2820
Alpe
Chapeau Gendarme
2685
2653
Lac de Terres Plaines
Lac de Pelouse
2872
GR5,GR56
16
F. D. de St-Étie
Cime de la Bonette
2802
D64
le Pra
freytag & berndt

R24 Col de Mallemort

****

Land: Frankreich, Gebiet: Hochprovence und Seealpen
Ausgangspunkt: Meyronnes
Endpunkt: Ruine am Col de Mallemort

Fahrzeugklassen FZK	Schwierigkeit SG	Zeitbedarf Stunden	Kilometer Gesamt	Kilometer Offroad	Reisezeit Monat
1	5	6	20,0	14,5	06 - 09

Schneefall ist von Mitte September bis Anfang Juni möglich.
Besonderheit: lange, schwierige Passage mit 13 enorm engen Kehren, nur für sehr geübte Geländefahrer

Diese abenteuerliche Piste wird fast nicht mehr befahren, man gelangt in eine bizarre, felsige Gebirgsregion, der schmale Weg endet bei einer großen Kasernenruine, von dort kann man zu Fuß (ca. 45 Min.) bis hoch zum Gipfelfort auf der Tête de Viraysse laufen.

Diese galt als höchste, ganzjährig betriebene Festung von ganz Europa. Am Wochenende sind viele Wanderer unterwegs, daher die Route möglichst während der Woche fahren.

Kombinationsmöglichkeit mit **Route 23**, Roche la Croix, die auf der gegenüberliegenden Bergseite verläuft. Über den Col de Larche gelangt man auch zum Ausgangspunkt für die **Route 25** (Maira-Stura-Kammstraße).

Routenbeschreibung

Von Briançon aus kann die Anfahrt zum Col de Larce über die **Route 22** (Col de Parpaillon) gewählt werden.

Wir biegen ca. 1,2 km hinter Meyronnes links ab Richtung St. Ours, **WP 24ax01**, den kleinen Ort erreichen wir nach 2 km über gut ausgebaute Asphaltstraße. In St. Ours (1.788 m), **WP 24ax02**, fahren wir beim Brunnen rechts weiter. Kurz darauf endet beim Ortsausgang der Asphaltbelag, **WP 24at03** (km-Stand 2,75). Eine schmale, grob geschotterte Piste führt weiter am Hang entlang, über zwei kleine Betonbrücken, SG 2. Bei **WP 24ax05** (km-Stand 4,7) biegen wir spitzwinklig links den Erdweg ab (Holzschild Col de Mallemort). (Die Schotterpiste führt geradeaus weiter noch ca. 1 km und endet an einem Gasthaus, von dort gehen Wanderwege weiter zum Tête de Virays-se.)

Nach 4 engen Kehren über den erdigen Weg (SG 2) kommen wir an eine kleine Furt, **WP 24af06**, danach wird Fahrer und Fahrzeug gefordert, bis zum Endpunkt SG 5.

Zunächst führt die Piste auf losem Schotter steil nach oben, später kommen enge Kehren und Engstellen am Abgrund hinzu.

Wir befahren weitere 13 sehr enge Kehren, die Zentimeter genaues Reversieren erfordern. Teils mit Seitenneigung des Fahrzeugs zum Abgrund hin, gewinnen wir über groben, losen Schotter an Höhe.

Zugewachsen und eng führt der Schotterweg nach oben. Abenteuerliche Bilder sind garantiert.

Teils kratzen die Äste der Nadelbäume Striemen in den Lack. Die Piste ist in weiten Abschnitten gerade mal fahrzeugbreit.

Bei **WP 24af07** (km-Stand 7,31) überqueren wir eine weitere Furt, der schwierigste Teil ist geschafft. Auf der anderen Hangseite geht es in einigen Kehren, die aber nicht mehr so eng sind, bis hinauf zur Kasernenruine (2.510 m), **WP 24ar08** (km-Stand 10,0) Endpunkt der Route.

Der ehemalige Fahrweg führt noch weiter hoch bis zum Gipfelfort des Tête de Viraysse, er zeigt sich heute nur noch als schmaler Fußweg. Von Gipfelfort genießt man eine wunderbare Rundsicht in die Bergregion.

Das Gipfelfort Tête de Viraysse ist unter den Allradreisenden relativ unbekannt. Vielleicht auch, weil die Zufahrt anspruchsvoll ist.

San Martino
Stroppo
36
San Michele
Prazzo Superiore
Prazzo Inferiore
Maddalena
422
Bedale
Camoglieres
1542
Serre
Molineri di Paglieto
Lóttulo
S.Damiano Macra
Torrente Máira
Albaretto
Chiotto
Combamala
San
Vernetti
Canosio
Reinero
Pagliéres
Santa Margherita
2575
Préit
2435
2284
M. Tibèrt
2647
Narbona
Campomolino
Colletto Croce
Cialáncia
Rocca la Méia
2831
2404
Santuario di San Magno
Chiappi
Neirone
Colle dei Morti
2480
M. Viridio
2498
M. Giordano
2766
Frise
M. Bram
2357
Rio d. Frise
M. Grum
2366
M. Oino
2615
Rifúgio Viridio
Pontebernardo
Pietrapórzio
M. Nebius
2600
M. Savi
2615
Vallone dell' Arma
S.Giácomo
Sambuco
T. Stura di Demonte
Torrente dell' Arma
Trinità
S.Maurizio
T. Neraissa
Monte Autes
2286
Neraissa
2472
Besaut
Aisone
Fedio
59
Vinádio
Pianche
Goletta
Forani
Demonte
Besmorello
Pratolungo
Perdioni
Bagni di Vinádio
Roviera
M. Ciapel
1630
T. Corborant
Callieri
Vallone di Rio Freddo
2420
Rifúgio ell Laus
2718
2148
P. Maladécia
2745
Rifúgio Bianco
Laghi della Sella
freytag & berndt

R25 Maira-Stura-Kammstraße *****

Land: Frankreich, Gebiet: Piemont
Ausgangspunkt: Demonte
Endpunkt: Ponte Mármora, Mairatal

Fahrzeugklassen FZK	Schwierigkeit SG	Zeitbedarf Stunden	Kilometer Gesamt	Kilometer Offroad	Reisezeit Monat
1+2	2	6	51,4	15,2	06 - 09

Schneefall ist von Mitte September bis Anfang Juni möglich.Achtung:

Achtung: Von Anfang Juli bis Mitte September gilt samstags, sonntags und feiertags von 9-17 Uhr ein Fahrverbot. Vom 10.8. bis 20.8. ist die Route generell gesperrt.

Die Maira-Stura-Kammstraße führt durch eine fantastische, bizarre Gebirgslandschaft und gilt daher als Highlight unter den Offroad-Fahrern. Dementsprechend sind hier viele Geländefahrzeuge unterwegs. Die grob geschotterte Piste ist meist einfach zu befahren. Die kurze Nebenstrecke über den Colle d'Ancoccia unterliegt seit Sommer 2021 einem Fahrverbot.
Am Wochenende trifft man viele Ausflügler (Wanderer und Mountainbiker) aus der Umgebung.
Im Mairatal beginnt **Route 26**, Varaita-Maira-Kammstraße.

Anfahrt

Über den Col de Larche nach Demonte. Oder von Cuneo auf die SS 20 bis Borgo San Dalmazzo. Hier auf die SS 21 nach Demonte abbiegen.

Routenbeschreibung

Kontinuierlich gewinnt das schmale aber gute Asphaltsträßchen an Höhe.

Beginn der Route ist in Demonte (796 m), bei der Tankstelle biegen wir auf die SP_268 ab, **WP 25ax01**. Nach einem kurzen Stück ist die Asphaltstraße nur noch 1 ½ Spuren breit, allmählich steigt sie durch das Mairatal an. Nach 22,6 km sind wir am Colle Valcavera (2.418 m), **WP 25ax03**, hier gabelt sich die Strecke. Rechts geht es über Asphalt (Colle d'Esischie) hinab nach Mármora, (alternative Auf-/Abfahrt), links führt die Kammstraße weiter und geht kurz darauf in groben, weißen Schotter über (bei Trockenheit sehr staubig), SG 1, stellenweise SG 2.

Über ein weißes Schotterband schwingen wir uns entlang von Almmatten nach oben.

Der geschotterte und instandgehaltene Hauptweg ist in einem guten Zustand und kann auch bei Regenwetter gefahren werden.

Wir bewegen uns nun in einer fantastischen Gebirgslandschaft, hinter jeder Kurve bieten sich neue Fotomotive. Zwischen den kargen Gesteinsbrocken blühen im Sommer viele bunte Blumen.

Bei **WP 25ax04** (km-Stand 24,3) biegt links die Nebenstrecke über den Colle d'Ancoccia ab, die aber für Kraftfahrzeuge gesperrt ist. Eine Erkundung zu Fuß oder mit dem Mountainbike ist sehr lohnenswert.
Wir bleiben auf dem Hauptweg, der ebenso ein grandioses Bergpanorama bietet. Kurz nach dem Abzweig sind wir am Col Bandia, **WP 25ax05**. Hier stehen alte Gebäuderuinen aus der Militärzeit, bei denen sich auch ein Nachtplatz für 2-3 Geländefahrzeuge findet.

Camp für die Nacht.

Von der Piste bieten sich immer wieder atemberaubende Fernblicke.

Nach 2,3 km mündet von rechts die Piste vom Colle d‘ Ancoccia ein, **WP 25ax06**. Bei **WP 25ax09** geht links ein Weg zum Passo della Gardetta, 2,5 km. Die Auffahrt ist in den Sommermonaten verboten, ein Fahrverbotsschild steht am Abzweig.

Am Colle del Preit (2.088 m) treffen wir auf eine schmale Asphaltstraße, **WP 25ax10**. Wir folgen links der kurvenreichen Straße (1 ½ Spuren) durch einige kurze Tunnel ins Tal und erreichen über den Ort Canesio das Mairatal bei Ponte Mármora, **WP 25ax16**.

Biegt man rechts ab (Richtung Cuneo) kommt man nach Stroppo, dem Ausgangspunkt für **Route 26** (Varaita-Maira-Kammstraße).

Die Maira-Stura-Kammstraße (MSKS), ein ehemaliges Militärsträßchen, ist eher eine Höhen- als eine Kammstraße. Zwischen dem Colle Valcavera und dem Colle del Preit zieht sich die geschotterte Piste nahezu parallel zum südwestlich gelegenen Valle Stura auf durchschnittlich 2.400 m Höhe durch das Gebirge.

PISTENKUH
SI OD 972

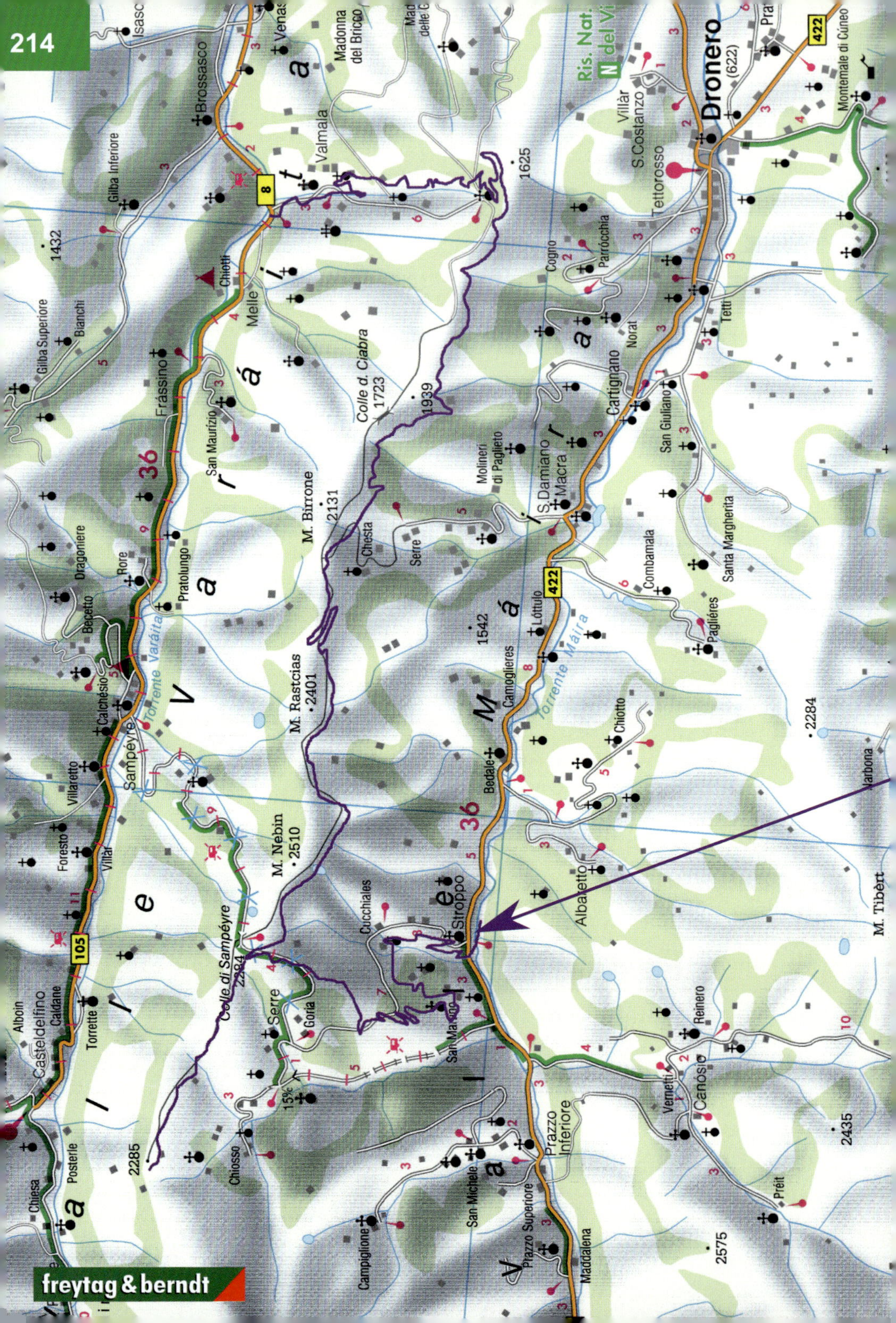
Dronero
(622)
Brossasco
Venasca
Madonna del Bricco
Valmala
Gilba Inferiore
Gilba Superiore
Bianchi
1432
Chiotti
Melle
Frassino
San Maurizio
Colle d. Ciabra
1723
1939
1625
M. Birrone
2131
Chesta
Serre
Molineri di Paglieto
S. Damiano Macra
Cartignano
San Giuliano
Cogno
Parrocchia
Norat
Tetti
Tettorosso
S. Costanzo
Villar
Ris. Nat.
Montemale di Cuneo
Pratolungo
Rore
Dragoniere
Becetto
Calchesio
Sampéyre
Torrente Varáita
M. Rastcias
2401
1542
Lottulo
Camoglieres
Torrente Maira
Combamala
Santa Margherita
Paglieres
Chiotto
2284
Narbona
Villaretto
Foresto
Villar
Bedale
M. Nebin
2510
Cucchiales
Stroppo
Albaretto
M. Tibert
Colle di Sampéyre
2284
Serre
Goria
San Martino
Alboin
Casteldelfino
Caldane
Torrette
Posterle
Chiesa
2285
Chiosso
Campiglione
San Michele
Prazzo Superiore
Prazzo Inferiore
Maddalena
Vernetti
Canosio
Reinero
2435
Préit
2575
15%
8
36
105
422
freytag & berndt

R26 Varaita-Maira-Kammstraße ***

Land: Frankreich, Gebiet: Piemont
Ausgangspunkt: Stroppo / Mairatal
Endpunkt: Valmala im Varaitatal

Fahrzeugklassen FZK	Schwierigkeit SG	Zeitbedarf Stunden	Kilometer Gesamt	Kilometer Offroad	Reisezeit Monat
1	4	6	44,3	28,3	06 - 10

26a vom Ausgangspunkt der Kammstraße, Colle della Bicocca, bis ins
Va raitatal.
Länge: gesamt 44,3 km, davon 28,3 km Piste (SG 4)

26b Auffahrt von Stroppo (Mairatal) zum Colle di Sampéyre
Länge: 17,8 km Asphaltstraße

(Die Auffahrt zum Colle di Sampéyre ist auch für FZK 2 möglich.)
Schneefall ist von Mitte September bis Anfang Juni möglich.

Besonderheit: Lange und enge Passage durch dichten Busch, Kratzer im Lack sind unvermeidlich

Vom Colle della Bicocca (2.295 m) zieht sich die Piste am Gebirgskamm zwischen den Tälern Varaita und Maira entlang durch verschiedene Vegetationsstufen bis zum Colle di Valmala auf 1.541 m. Während man auf dem ersten Abschnitt tolle Ausblicke in die Gebirgslandschaft hat, verläuft der zweite Abschnitt auf der nördlichen Hangseite durch dichtes Buschwerk und geht ab dem Colle Birrone in Nadelwald über. Auf dem Hauptstück vom Colle Sampéyre bis zum Colle Birrone sind nicht viele Fahrzeuge unterwegs, daher ist nur mit wenig Gegenverkehr zu rechnen.

Gute Kombinationsmöglichkeit mit **Route 25** (Maira-Stura Kammstraße), deren Endpunkt das Mairatal ist.

Anfahrt

Von Cuneo über das Varaitatal zum Colle di Sampéyre abbiegen. Die nördliche Auffahrt ist asphaltiert und zweispurig ausgebaut. Nach vier engen Kehren wird der Pass erreicht. Oder von Cuneo über das Mairatal bis nach Stroppo (Auffahrt Route b).

Routenbeschreibung

Auffahrt, Route b:

Unser Track beginnt im Mairatal, bei **WP 26bx01** biegen wir Richtung Stroppo (SP 335) ab. Von der knapp 1 ½ Spuren breiten Asphaltstraße gehen immer wieder Abzweige zu kleinen Ortschaften ab, Beschilderungen zum Pass sind kaum vorhanden, daher ist die Orientierung etwas schwierig. Bei **WP 26bx07** teilt sich die Straße nochmals, links geht es nach Elva, rechts zum Colle die Sampéyre, (hier ausgeschildert). Nach 17,8 km treffen wir auf der Passhöhe auf die Kammstraße, die rechts und links in Piste übergeht, **WP 26bx08 = WP 26ax04.** (Geradeaus führt die Straße ins Varaitatal.) Auf dem Pass ist Platz für einige Fahrzeuge, am Wochenende parken hier viele Wanderer.

Kammstraße, Route a:

Vom Colle di Sampéyre, **WP 26ax04**, geht es links noch ca. 6,5 km bis zum Colle della Bicocca, (westlicher Ausgangspunkt, Sackgasse), **WP 26aw01** (km-Stand 0), über eine schmale Erdpiste, SG 1.

Fährt man links die Kammstraße weiter (zunächst SG 1), bietet sich bald ein Ausblick nach Osten in die Po-Ebene, die oft mit dichten Wolken verhangen ist, man fährt somit „über den Wolken“ am Kamm entlang. Das schwierigste Stück der Strecke beginnt bei **WP 26aw05** (km-Stand 11,5), die Piste wird schmaler und steiniger, später passieren wir zwei große Geröllhänge, mit großen, scharfkantigen Steinen, **WP 26aw06**, Gefahr von Steinschlag und Abrutschungen, nur wenige Ausweichmöglichkeiten, SG 3.

Auch wenn oft eine dichte Wolkendecke den Blick in die Po-Ebene verhindert, ist auch das Fahren "über den Wolken" reizvoll.

Steinschlag und Erdabrutschungen sind nach der Schneeschmelze und nach heftigen Regenfällen möglich. Die soeben fahrzeugbreite Strecke erfordert dann etwas Geschick.

Durch ein breites Geröllfeld ist die Piste mit einer Stützmauer gesichert.

Auf holpriger Piste geht es bergab, Sträucher ziehen Kratzer in den Lack. Bei Gegenverkehr muss man in der Lage sein, sein Fahrzeug auch einige Kilometer rückwärts zu fahren.

Die letzten Kilometer führen sanft durch Almwiesen ins Tal.

Der Weg wechselt auf die Nordseite des Kamms, **WP 26aw07** (km-Stand 15,2) und in mehreren Kehren mit langen Zwischenstücken geht es für 5,3 km durch sehr dichtes Buschwerk hinunter zum Colle Birrone, **WP 26ax08**. Dazwischen gibt es auf der knapp fahrzeugbreiten Piste keine Ausweichmöglichkeit für evtl. Gegenverkehr, unter Umständen müssen lange Passagen rückwärts gemeistert werden können, daher SG 4. Kratzer im Lack sind „garantiert“, das kann u.U. den Fahrspaß mindern.
Am Colle Birrone (1.703 m) steht ein weißes Kreuz, rechts geht ein Fahrweg nach San Damiano ins Mairatal hinab, der nur im oberen Bereich geschottert ist. Wir folgen dem Weg geradeaus, der nun wieder etwas breiter ist und durch Nadelwald verläuft, wieder SG 1.

Ab dem Colle della Ciabra (1.721 m), **WP 26ax09** (km-Stand 28,3) beginnt der Asphaltbelag, allmählich geht es bergab. Bei **WP 26ax10** geht links die Asphaltstraße (1 ½ Spuren) über Valmala ins Mairatal hinab. (Geradeaus endet die befestigte Straße nach ein paar hundert Metern an einem Gasthaus mit Wohnmobilstellplatz und Wasserstelle. Der Schotterweg führt weiter Richtung Rossana, verläuft allerdings im Nadelwald.)
Kurz nach dem Abzweig hält man sich rechts, **WP 26ax11**. Hinter Valmala treffen wir im Mairatal auf die SP 8, Endpunkt der Route, **WP 26ax12** (km-Stand 44,3).

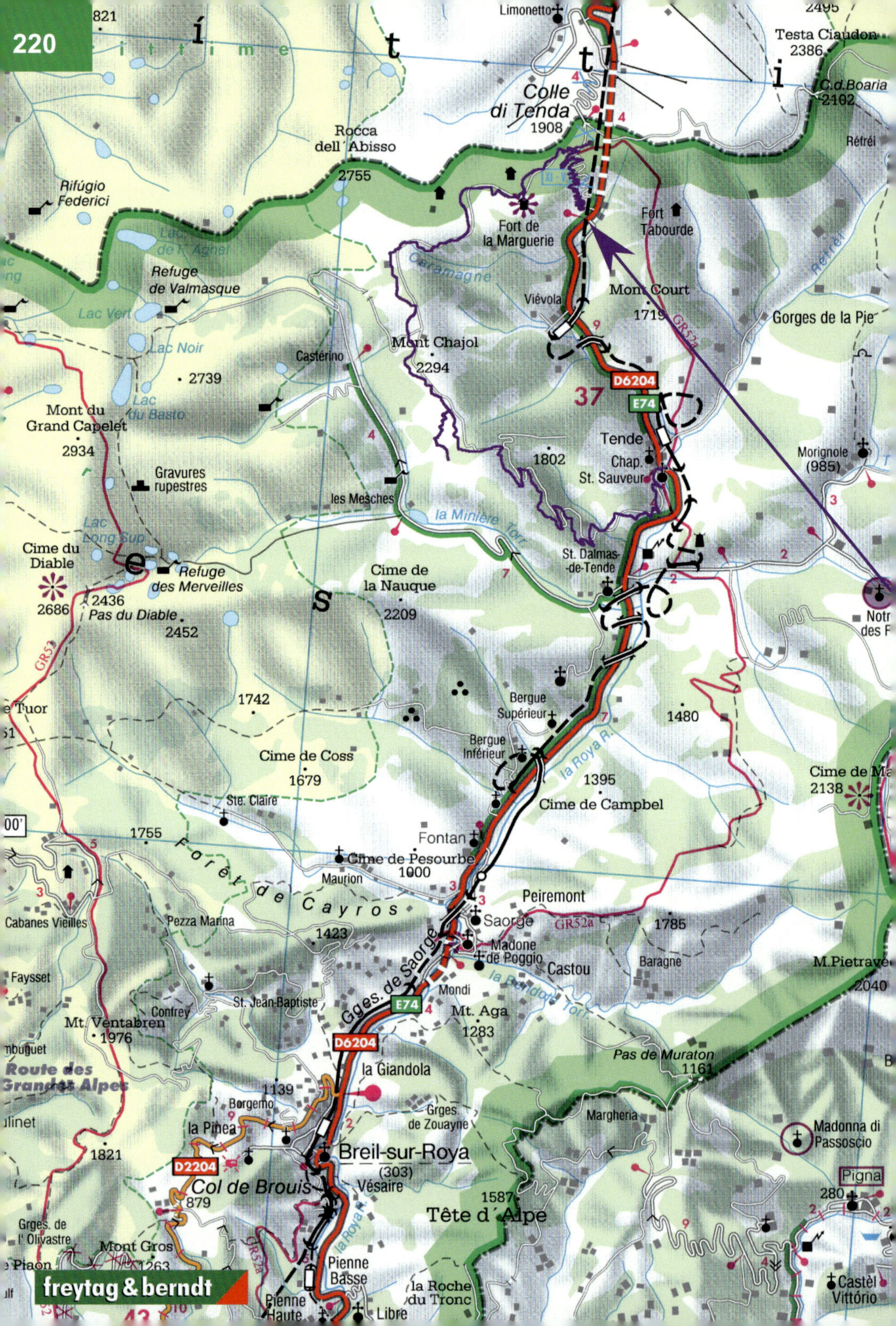
Limonetto
Testa Ciaudon
2386
C.d.Boaria
2102
Rétréi
Colle
di Tenda
1908
Rocca
dell´Abisso
2755
Rifúgio
Federici
Fort de
la Marguerie
Fort
Tabourde
Lac de l´Agnel
Refuge
de Valmasque
Caramagne
Lac Vert
Lac Noir
Viévola
Mont Court
1719
Gorges de la Pie
Castérino
Mont Chajol
2294
GR52a
D6204
E74
37
2739
Lac du Basto
Mont du
Grand Capelet
2934
Tende
Chap.
St. Sauveur
1802
Morignole
(985)
Gravures
rupestres
les Mesches
la Minière Torr.
Lac Long Sup.
Cime du
Diable
2686
Refuge
des Merveilles
St. Dalmas-
-de-Tende
2436
Pas du Diable
2452
Cime de
la Nauque
2209
GR52
1742
1480
Bergue
Supérieur
Bergue
Inférieur
Cime de Coss
1679
la Roya R.
1395
Cime de Campbel
Ste. Claire
1755
Forêt de Cayros
Fontan
Cime de Pesourbe
1000
Maurion
Peiremont
Cabanes Vieilles
Pezza Marina
Saorge
GR52a
1785
1423
Madone
de Poggio
Castou
Baragne
Faysset
St. Jean-Baptiste
Gges. de Saorge
Mondi
la Bendola Torr.
M.Pietravecchia
2040
Confrey
Mt. Ventabren
1976
E74
Mt. Aga
1283
D6204
Route des
Grandes Alpes
Pas de Muraton
1161
la Giandola
1139
Borgemo
Grges.
de Zouayne
Margheria
la Pinea
Breil-sur-Roya
(303)
Madonna di
Passoscio
1821
D2204
Col de Brouis
879
Vésaire
Pigna
280
1587
Tête d´Alpe
Grges. de
l´Olivastre
Mont Gros
1263
Piaon
Pienne
Basse
la Roche
du Tronc
Pienne
Haute
Libre
Castel
Vittório
freytag & berndt

R27 Baisse d'Ourne ***

Land: Frankreich, Gebiet: Hochprovence und Seealpen
Ausgangspunkt: Südauffahrt zum Col de Tende
Endpunkt: Tende

Fahrzeugklassen FZK	Schwierigkeit SG	Zeitbedarf Stunden	Kilometer Gesamt	Kilometer Offroad	Reisezeit Monat
1	2	6	34,3	23,4	06 - 09

27a vom Col de Tende über Baisse d' Ourne nach Tende
Länge: gesamt 34,3 km, davon 23,4 km Piste (SG 2)

27b Abstecher zum Mont Angelet, Sackgasse
Länge(Hin- u. Rückweg): 4,0 km Piste (SG 4)

Schneefall ist von Anfang Oktober bis Mitte Mai möglich.

Besonderheit: Im Fort de la Marguerie können einige dunkle, teils unterirdische Gänge erkundet werden.

Über die berühmte Südauffahrt* des Col de Tende mit ihren 46 eng übereinander liegenden Kehren gelangt man zum Fort Central. Wir haben eine Piste ausprobiert, die auf der gegenüberliegenden Bergkette der Ligurischen Grenzkammstraße (LGKS) entlang läuft und hinab nach Tende führt.
Von der Baisse d'Ourne und vom Mont Angelet ergeben sich immer wieder tolle Ausblicke zum Fort Central und dem Verlauf der LGKS. Kombinationsmöglichkeit mit den **Route 28** und **Route 29**, Ligurische Grenzkammstraße.

Hinweis:
Wegen der Großbaustelle am Tendetunnel (Bau einer zweiten Tunnelröhre) ist die Südrampe des Col de Tende gesperrt. Auch am nördlichen Zugang vom Fort Central (WP 27ax03) ist ein Sperrschild angebracht. Dort steht, dass nur Ortsansässige sich eine Genehmigung für die Befahrung besorgen können. Es ist nicht bekannt, ob die Südauffahrt zukünftig wieder für alle befahrbar ist.
Wir haben die GPS-Daten mit der im Folgenden beschriebenen Anfahrt über die Südrampe unverändert gelassen. Alternativ kann der Tendepass über die breit angelegte, geteerte Nordauffahrt erreicht werden, die wir bei Route 29 (Lig. Grenzkammstraße Nord) beschreiben.

Achtung:
Der Tende-Straßentunnel ist wegen massiver Schäden durch das Alpenhochwasser im Oktober 2020 für unbestimmte Zeit gesperrt.

Routenbeschreibung

Route a:

Die Route beginnt direkt unterhalb des Südeingangs des Tende-Straßentunnels von der D 6204. Vom Tunnel kommend biegt man rechts ab auf die einspurige Südauffahrt zum Col de Tende, **WP 27ax01**.

In unzähligen Serpentinen schraubt sich die Piste nach oben.

Nun ist fahrerisches Können gefragt, scheinbar endlos kurbelt man sich von Kehre zu Kehre nach oben, in den meisten Kehren muss reversiert werden, SG 2 bis zum Pass. Bei **WP 27at02** endet die Asphaltdecke, über groben Schotter fährt man die letzten Kehren und der Blick zurück vermittelt einen Überblick über dieses Meisterstück des Straßenbaus.

Von der Passhöhe (1.880 m), **WP 27ax03** (km-Stand 7,5) zweigt rechts ein 400 m langer Weg zum Fort Central ab, **WP 27aw04**, welches noch gut erhalten ist und eine Besichtigung lohnt. Geradeaus führt die nördliche Abfahrt (2-spurige Asphaltstraße) hinunter nach Limone. Unterhalb des Forts beginnt der nördliche Teil der Ligurischen Grenzkammstraße, siehe **Route 29**.

Der Blick auf die 46 Kehren des Tendepass sind ein beliebtes Fotomotiv.

Die Ruine des Fort Central kann auf eigene Gefahr erkundet werden.

Unsere Route biegt am Col de Tende links Richtung Westen ab. Die einspurige Schotterpiste lässt sich gut befahren, SG 1, bald kommen wir am Fort de la Marguerie, **WP 27aw06** vorbei. Hier kann man noch viele dunkle Gänge mit der Taschenlampe erkunden, die Wiese vor dem Fort eignet sich gut als Übernachtungsplatz.

Für die Erkundung des Fort de la Marguerie ist festes Schuhwerk und eine Taschenlampe erforderlich.

Bei **WP 27at07** hat man für ein kurzes Stück Asphalt unter den Rädern.

An der folgenden 3-Wege-Gabelung **WP 27ax08** nimmt man den linken Weg. (Gerade aus geht ein schmaler Karrenweg ins Tal und auch die Asphaltstraße ganz rechts führt hinab ins Vallon de Casterine.) Bald endet der Asphaltbelag wieder, wir fahren durch Nadelwald, welcher aber immer wieder schöne Ausblicke gewährt. Es geht mehrmals eng an hohen Felswänden entlang, stellenweise SG 2. An der Baisse d'Ourne (2.043 m) **WP 27ax11** (km-Stand 20,5) zweigt nach rechts ein schmaler Weg zum Mont Angelet ab, siehe **Route 27b**, Sackgasse.

Ab **WP 27at14** weist die Straße eine alte Bitumendecke mit Schlaglöchern auf. In 25 sehr engen Kehren geht es abwärts, es muss reversiert werden und es bestehen kaum Ausweichmöglichkeiten für evtl. Gegenverkehr, ggf. muss rückwärts gefahren werden, daher SG 2. In einer der letzten Kehren hat man einen guten Blick auf das Städtchen Tende, wo sich die alten Häuser dicht aneinander drängen. In Tende (798 m) treffen wir auf die D 6204, Endpunkt der Route **WP 27ax17.**

Blick auf die engen Gassen von Tende.

Route b:

Eine schmale Piste führt von der Baisse d'Ourne, **WP 27bx01 = WP 27ax11**, hinauf zum Mont Angelet (2.188 m), Sackgasse. Am Anfang des Weges fahren wir zwischen zwei hohen Felsen hindurch, 100 m danach biegen wir spitzwinklig links ab, **WP 27bx03**.

Der Weg wird noch mal schmaler, 9 äußerst enge Kehren führen zum Gipfel, SG 4. Mit einem Land Rover kommt man nur sehr schwierig um die Kehren herum und muss teilweise reversieren. Er ist fast etwas zu groß für die Strecke.

Wir kommen an einigen gut erhaltenen Bunkern vorbei und entdecken bei der Besichtigung einen Gang, der auf die andere Seite des Berges führt. Nach 2,0 km ist es geschafft, **WP 27bw04**. Belohnt werden wir mit einem guten Rundblick in die Umgebung, vor allem auf die gegenüber verlaufende LGKS.

Auf dem Weg zum Mont Angelet ist dies eine der markanten Stellen.

Das ehemalige Militärsträßchen ist fast zu eng für unsere Land Rover.

Die Bunkeranlage ist gut erhalten und durch einen unterirdischen Stollen (Taschenlampe) gelangt man auf die andere Seite des Felsens.
Genau die richtige Mischung aus Reise, Offroad und Abenteuer.

Colle di Tenda

Napoleon (1808-1873) lies den seit alters her bekannten und wichtigen Alpenübergang, den Colle di Tenda (deutsch: Tenda-Pass, französisch: Col de Tende), zu einer mit Kutschen befahrbaren Passstraße ausbauen. Auch heute, 150 Jahre später, fährt man auf diesem historischen Weg. Der Pass gilt als der südlichste der großen Alpenpässe und liegt in 1.871 m Höhe direkt auf der Grenze zwischen Frankreich und Italien.
Die Nordrampe ist mit ihren zwölf asphaltierten Kehren wenig spektakulär, die Südrampe hingegen dürfte mit ihren teils dicht übereinander liegenden 46 Kehren zu den meist fotografierten Passstraßen der Alpen zählen.

Die Südrampe ist nur zum Teil asphaltiert. Im Jahre 1882 wurde der beschwerliche Weg über den Pass durch einen Straßentunnel deutlich vereinfacht. Der 3.182 Meter lange Tunnel war der erste Straßentunnel der Alpen und mit seiner Länge bis zum Jahre 1967 auch der Längste. Seitdem (1882) wird der Pass nur noch im Sommer von Touristen befahren.
Parallel zum Straßentunnel wird der Colle di Tenda auch noch von einem Tunnel der Eisenbahn unterquert. Dieser 8.099 m lange Tunnel wurde im Jahre 1898 erbaut und ist Teil der Tendabahn, einer der spektakulärsten Eisenbahnstrecken in Europa.

Festungen auf der Passhöhe und in der Umgebung:

Auf der Passhöhe des Colle di Tenda befinden sich einige italienische Festungen. Sie wurden nach dem Zweiten Weltkrieg nutzlos, als im Friedensvertrag zwischen Italien und Frankreich 1947 die Grenze hinter die Festungen verlegt wurde.

Die Festungen im Einzelnen:

- Fort Centrale auf 1.908 m direkt an der Passhöhe
- Fort de la Marguerie auf 1.842 m
- Fort Tabourde auf 1.982 m
- Fort Pernante auf 2.117 m
- Fort de Giaure auf 2.253 m
- Fort Pepin auf 2.263 m

Tanaro
C.Selle
2097
Rif. Barbera
Rif. Mongióie
Pizzo d´Ormea
2476
Rif. Valcaira
2010
Chiapino
Viozene
Carnino
Úpega
Fort Tabourde
Gorges de la Pie
M.Bertrand
2482
1896
Cima di Piano Cavallo
Pornassino
Fasce
Quarzina
le Salse
San Bernardo
Ísola
Torrente Negrone
Madonna dei Cancelli
Ponte
Morignole (985)
T. Levenza
T. Tanarello
Colla S.Bernardo
1263
Nava
941
Mónesi
Mendática
Cósio di Arróscia
Pornássio
Óttano
Monte Saccarello
2200
Notre Dame des Fontaines
Rif. Tre Pini
Monum. al Redentore
Rif. S. Remo
M.Frontè
2133
Montegrosso Piàn Latte
Ponti
Acquetico
1601
Pas de Colle Ardente
Verdeggia
1461
Colla Garezzo
1801
1480
Realdo
Passo della Garlenda
1696
C.di Sanson
M.Mónega
1882
M.Prearba
1446
Cime de Marte
2138
Grotta di Creppo
Rezzo
Nostra Signora del Sepolcro
Ponte dei Passi
Creppo
Bregalla
1785
Colla Melosa
1540
Corte
Baragne
M.Pietravecchia
2040
Lago di Tenarda
Loreto
Triora
Andagna
1387
Passo della Téglia
M.Grande
1418
San Bernardo di Cónio
Cetta
Molini di Triora
Rocca di Andagna
Superiore
Cónio
de Muraton
1161
Búggio
443
1127
Colla di Langàn
Carmo Albarozza
979
Agággio-Inferiore
1167
Colle d´Óggia
Piàn del Moro
Argentina
Madonna di Passoscio
Madonna di Carmine
San Giovanni dei Prati
Glori
Carpásio
Ville S
1064
Pigna
280
Croce di Praesto
(1505)
548
Passo del M
1627
M.Mera
1063
Monte Ceppo
T. Carpasina
M.Moro
1184
Castel Vittório
R. Bonda
Vignai
Ciabáudo
Montalto Ligure
Madonna degli Angeli
Badalucco
Tàvol
San Gregório
le Ciape
Baiardo
898
Madonna della Neve
T. Oxentina
M.Faudo
1149
M.Semoigo
611
Passo Ghimbegna
Isolabona
Berzi
M.Merlo
1014
M.Nevéia
835
Santi Pietro e Paolo
Ceriana
Monte Bignone
Apricale
M. Belgestro
587
Perinaldo
1299
Santuario di Lampedusa
Morghe
Colla Bella
600
San Romolo
(40)
TÁGGIA
Castellaro
M.Colma
649
Verezzo
Borello
Negri
Bosco
Arma
A10
freytag & berndt

R28 Ligurische-Grenzkammstraße Süd

Land: Italien, Gebiet: Ligurien
Ausgangspunkt: Pigna, SP 65
Endpunkt: Nava, SP 28

Fahrzeugklassen FZK	Schwierigkeit SG	Zeitbedarf Stunden	Kilometer Gesamt	Kilometer Offroad	Reisezeit Monat
1	2	6	46,0	29,7	05 - 09

28a nördlich von Pigna über den Colle del Garezzo
Länge: gesamt 46,0 km, davon 29,7 km Piste (SG 2)

28b alternativer Einstieg von Frankreich über den Col Linaire
Länge: gesamt 19,0 km, davon 12,7 km Piste (SG 1)

Schneefall ist von Anfang Oktober bis Mitte Mai möglich.

Die ligurische Grenzkammstraße (LGKS) gehört zu den schönsten und legendärsten alten Militärstraßen im französisch-italienischen Grenzgebiet. Sie teilt sich in eine nördliche und südliche Strecke mit unterschiedlichen Einstiegen und Reglementierungen, die wir getrennt beschreiben. Siehe **Route 28**, südlicher Teil und **Route 29**, nördlicher Teil.
Weitere Kombinationsmöglichkeit mit der **Route 27**, Baisse d'Ourne.

Der Einstieg ist nördlich von Pigna, ab dem Colle de Melosa beginnt die Schotterstrecke, beim Passo di Collardente biegt die Route durch einen gekrümmten Tunnel (Galleria Buia) von der Hauptstrecke der LGKS ab und führt über den Colle del Garezzo.
Wenn auch die südliche Strecke landschaftlich nicht mit dem nördlichen Teil der LGKS mithalten kann und fahrtechnisch keine große Herausforderung bietet, so ist sie doch lohnenswert. Alternativ kann auch von La Brigue über den Col Linaire (Route 28b) von Frankreich aus auf die LKGS eingestiegen werden, allerdings ist die Strecke über den Colle del Garezzo schöner.

Anfahrt

Vom Mittelmeer kommend fährt man bei Ventimiglia die SP 64 nach Pigna (Route a). Alternativ kann die Auffahrt von Frankreich über den Col Linaire gewählt werden. (Dieser Einstieg bietet sich an, wenn man vorher die Route 27 gefahren ist, deren Endpunkt in Tende ist.)

Routenbeschreibung

Route 28a:

Ausgangspunkt ist der Colla di Langan (1.127 m), 14 km nördlich von Pigna, **WP 28ax01**, wir biegen links auf die SP 67 zum Colla de Melosa ab, **WP 28at02**. Vorbei an zwei Gasthäusern endet hier der Asphaltbelag. In einigen Kehren, über groben Schotter, SG 1, gewinnt die Piste etwas an Höhe, beim Abzweig **WP 28ax03** sind wir auf der höchsten Stelle des südlichen Teil der LGKS, auf 1.958 m. Links führt der Weg an einem alten Kasernengebäude entlang, und trifft nach ca. 900 m bei **WP 28ax04** wieder auf die Hauptpiste. Von der Nebenpiste geht ein 1,5 km langer Weg (für Fahrzeuge gesperrt) zum Balcon di Marta bzw. Cime di Marta, eine riesige Bunkeranlage mit vielen unterirdischen Gängen, die besichtigt werden können (Taschenlampe erforderlich).

Von links mündet bei **WP 28ax06**, km-Stand 17,1, die Piste von La Brigue über den Col Linaire ein **(Route 28b)**. Wir folgen geradeaus dem Verlauf der Grenzkammstraße mit immer wieder schönen Ausblicken in die grüne Berglandschaft bis wir bei **WP 28ax09** (km-Stand 21,0) die LGKS verlassen und rechts die Piste über den Colle del Garezzo einschlagen. (Links geht der nördliche Teil der LGKS weiter, Route 28, **WP 28ax22**, umgekehrte Richtung.)

Teilweise ist die LGKS exponiert in den Felsen geschlagen.

Die Ligurische Grenzkammstraße ist ein absolutes Highlight in den Seealpen.

Nach dem Scheiteltunnel windet sich die LGKS gemächlich ins Tal.

Es geht zunächst durch einen gekrümmten, 450 m langen Tunnel, die Galleria Buia, **WP 28ax11**, bis zum Colle del Garezzo schmale Piste über groben Schotter, SG 2, kaum Ausweichmöglichkeiten für den wenigen Gegenverkehr.

Nach dem Scheiteltunnel des Colle del Garezzo (1.777 m), **WP 28aw14**, ist die Piste wieder einfach zu befahren, SG 1, und windet sich kurvenreich ins Tal. Bei **WP 28at16** (km-Stand 35,7) haben wir wieder Asphalt unter den Rädern und erreichen schnell den Colla San Bernardo, **WP 28ax17**, gerade aus geht es über den Colle de Nava ins Tal.

Endpunkt der Route ist in Nava, wir treffen auf die S 28, links geht es nach Turin, rechts Richtung Mittelmeer.

Route 28b:

Die Strecke beginnt in St. Dalmas de Tende, ca. 2 km südlich von Tende (718 m), **WP 28bx01**, wir biegen nach La Brigue ab, einem mittelalterlichen Städtchen mit engen, verwinkelten Gassen. Es geht durch den lang gezogenen Ort bis wir am Ende bei **WP 28bx02** links dem Schild „Notre Dame des Fontaines" folgen. An der kleinen Kapelle Notre Dame des Fontaines mit schönen Wandmalereien, die einen Besuch lohnen, fahren wir geradeaus den Schotterweg weiter. Die Asphaltstraße führt links weiter in ein Tal mit angelegten Gärten. Die Auffahrt zum Col Linaire führt durch Nadelwald, ist grob geschottert mit breit angelegten Kehren, daher einfach zu befahren, SG 1. Bei **WP 28bx07** sind wir am Col Linaire (1.441 m).

Geradeaus führt die Piste zur LGKS hinauf, die wir bei **WP 28bx08 = WP 28ax06** (km-Stand 19,0) auf einer Höhe von 1.714 m erreichen. Weiterfahrt siehe **Route 28a**, links über den Colle del Garezzo, rechts nach Pigna.

Eng verschachtelt sind die Häuser in den Städten im Tende-Tal.

Testa Ciaudon
2386
2495
Rif. Garelli
(2000)
Punta Marguaréis
2651
Lago Biecai
Lago Raschera
Pesio
e Tanaro
Rif. Saracco
(2220)
Alta
Colle di Tenda
1908
C.d.Boaria
2102
Réfréi
C.Selle
2697
Rif. Barbera
Rif. Mongióie
Carnino
Úpega
1896
Cima di Piano C
Fort de la Marguerie
Fort Tabourde
Mont Court
1719
GR52a
Viévola
Gorges de la Pie
M.Bertrand
2482
Chajol
le Salse
Ísola
D6204
E74
37
Tende
1802
Chap. St. Sauveur
Morignole
(985)
T. Levenza
la Minière Torr.
St. Dalmas-de-Tende
Mónesi
Rif. Tre Pini
Monte Saccarello
2200
Monum. al Redentore
Rif. S. Remo
M.Fronté
2133
Notre Dame des Fontaines
1601
Pas de Colle Ardente
Verdeggia
1461
Passo della Garlenda
Bergue Supérieur
Bergue Inférieur
1480
Realdo
la Roya R.
1696
C.di Sanson
1395
Cime de Campbel
Cime de Marte
2138
Grotta di Creppo
Creppo
Bregalla
E7
Peiremont
Saorge
GR52a
1785
Madone de Poggio
Castou
Baragne
Colla Melosa
1540
Lago di Tenarda
Loreto
Triora
Corte
M.Pietravecchia
2040
Cetta
Molini di Triora
Mondi
Mt. Aga
1283
la Bendola Torr.
Carmo Albarozza
979
Pas de Muraton
1161
Búggio
443
1127
Colla di Langàn
Piàn del Moro
Margheria
Madonna di Carmine
San Giovanni dei Prati
Madonna di Passoscio
Croce di Praesto
(1505)
Pigna
280
1627
Tête d'Alpe
1587
M.Mera
1063
Monte Ceppo
Castèl Vittório
Vignai
R. Bonda
freytag & berndt

R29 Ligurische-Grenzkammstraße Nord

Land: Italien, Gebiet: Ligurien
Ausgangspunkt: Col de Tende
Endpunkt: LGKS Süd / Colle del Garezzo (Route 28)

Fahrzeugklassen FZK	Schwierigkeit SG	Zeitbedarf Stunden	Kilometer Gesamt	Kilometer Offroad	Reisezeit Monat
1	3	6	52,1	44,4	06 - 10

Schneefall ist von Anfang Oktober bis Ende Mai möglich.

Besonderheit: Maut und Fahrzeugbegrenzung

Die ligurische Grenzkammstraße (LGKS) gehört zu den schönsten und legendärsten alten Militärstraßen im französisch-italienischen Grenzgebiet. Sie teilt sich in eine nördliche und südliche Strecke mit unterschiedlichen Einstiegen und Reglementierungen, die wir getrennt beschreiben.

Siehe **Route 28**, südlicher Teil und **Route 29**, nördlicher Teil. Kombiniert werden kann die LGKS mit der **Route 27**, Baisse d'Ourne.

Achtung: Der Tende-Straßentunnel ist wegen massiver Schäden durch das Alpenhochwasser im Oktober 2020 für unbestimmte Zeit gesperrt.

Maut und Begrenzungen

Der nördliche ist der deutlich schönere Teil der LGKS, er war einige Jahre wegen abgerutschter Trassen für Geländewagen gesperrt. Nach umfangreicher Instandsetzung der Schotterstraße, finanziert durch die EU, ist dieser Part seit Juli 2015 wieder befahrbar. Allerdings wird für Fahrzeuge eine Maut von 15,- Euro erhoben, die Anzahl ist auf etwa 80 Geländefahrzeuge und 150 Motorräder/Quads pro Tag begrenzt.

Dienstags und donnerstags ist die Strecke gesperrt, letzter Einlass am Tickethaus ist um 18 Uhr, ab Mitte Sept. um 16 Uhr. Am Wochenende kann es vorkommen, dass die Obergrenze schon mittags erreicht ist, empfehlenswert sind die Tage Montag und Mittwoch mit weniger Verkehr. Die Straße ist von Mitte Juni bis Mitte Oktober geöffnet. Im Frühjahr ist die Öffnungszeit variabel, je nach letzten Schneeresten, grundsätzlich aber nicht vor Juni.

Auf der Webseite (auch auf deutsch) https://viadelsalc.bikesquare.eu/deu/contacts/prenota/via-del-sale werden die jährlichen Öffnungszeiten bekannt gegeben. Das Ticket kann dort auch im Voraus online erworben werden. Der südliche Teil der LGKS ist von der Reglementierung und der Maut nicht betroffen und kann durch die beschriebenen Auffahrten (siehe **Route 28**) getrennt angefahren werden.

Routenbeschreibung

Die Anfahrt erfolgt über die nördliche, breit asphaltierte Auffahrt zum Col de Tende. (Die bekannte Südauffahrt mit ihren 46 Kehren ist seit einigen Jahren gesperrt, siehe **Route 27**.)

Von Limone-Piemonte kommend biegen wir kurz vor dem Tende-Straßentunnel rechts ab und direkt danach links, **WP 29ax01** (km-Stand 0). Über 12 Kehren führt die breit angelegte Asphaltstraße bergauf, beim Chalet le Marmotte gabelt sich die Strecke, **WP 29ax04**. Nach links führt die Straße direkt zum Einstieg der LKGS Nord (großes Schild zu den Reglementierungen), unsere Route geht rechts weiter, über einen kurzen Abstecher zum Fort Central. Hier endet der Bitumenbelag, nach 900 Metern erreichen wir die eigentliche Passhöhe auf 1871 Meter, **WP 29ax05** und biegen links ab, oberhalb erstreckt sich das mächtige Fort Central (Sackgasse).

Vom Fort bietet sich ein einzigartiger Rundblick in die Berglandschaft Liguriens.

Bei dem unterhalb gelegenen Kasernenblock fahren wir links, **WP 29ax06**, die Piste führt durch die engen Tore der Ruine und trifft auf die Hauptroute der LGKS, **WP 29ax07**, hier fahren wir rechts weiter.

Vom Fort Central und der Ruine des Kasernenblocks bieten sich grandiose Rundblicke. Der Kasernenblock kann erforscht werden. (Taschenlampe und feste Schuhe).

(Fährt man bei der Passhöhe geradeaus, gabelt sich die Piste kurz darauf, Treffpunkt mit **Route 27**. Links geht die zur Zeit gesperrte Südabfahrt des Col de Tende weiter, rechts führt die **Route 27** nach Frankreich. Nach wenigen Metern ergibt sich von hier ein guter Blick auf die zahlreichen Kehren der Südrampe.)
Bald darauf passieren wir eine Schranke, hier steht noch mal ein großes Hinweisschild, das Tickethäuschen folgt wenig später, **WP 29ax09**. Es wird eine Quittung mit Datum ausgestellt, die beim südlichen Ausgang kontrolliert wird.

Am Col de la Boire wechseln wir von der morgentlichen Schatten- auf die Sonnenseite.

Am frühen Vormittag liegen die ersten Kilometer der einspurigen Piste noch im Schatten, das ändert sich am Col de la Boire (2.145m), der zwischen **WP 29ax11** und **WP 29ax12** erklommen wird.

Die abenteuerlich angelegte Trassenführung mit einer langgezogenen Spitzkehre bietet schöne Fotomotive. Dicht geht es zwischen Abhang und Felswand entlang, daher SG 2. In der Kehre geben die Felsen einen faszinierenden Blick auf das Gebirgspanorama nach Norden frei. Auch im weiteren Verlauf bietet die enge Schotterstraße nur wenige Ausweichmöglichkeiten für Gegenverkehr, daher sollte man sein Fahrzeug auch rückwärts gut beherrschen.

Die kühn in den Fels geschlagene Streckenführung der nördlichen LGKS bietet zahlreiche Fotomotive.

Vor Zeiten der EU, also vor dem Wegfall der Grenzkontrollen, war die LGKS eine beliebte Schmugglerroute zwischen Italien und Frankreich.

Wir folgen dem Grenzverlauf zwischen Frankreich und Italien, kurvenreich schlängelt sich die Piste durch die felsige, alpine Landschaft und steigt nach dem Abzweig zum Rifugio Don Barbera, **WP 29ax13**, noch mal auf 2.245 Meter an, höchster Punkt der Route.

Nach 23,2 km ab dem Fort Central liegt nun der schönste Teil der nördlichen Grenzkammstraße hinter uns, **WP 29ax14**. Im Lärchenwald führt der Weg weiter bergab und ist wieder etwas breiter, auch mit mehr Ausweichmöglichkeiten. Am südlichen Tickethaus vorbei, **WP 29aw16**, kommen wir bald aus dem Waldgebiet heraus und haben wieder freien Blick in die Landschaft.

An der folgenden Gabelung bietet sich die Möglichkeit, aus der LGKS auszusteigen, nach links führt eine gut zu befahrende Piste nach Piaggia bzw. Monesi. Unsere Route folgt rechts der Piste zur südlichen Grenzkammstraße. Das gut 7 km lange Verbindungsstück ist deutlich weniger befahren und im Gegensatz zum bisherigen Teil der Route schlecht instand gehalten. Der schmale, ruppige Weg bietet noch mal Abwechslung für den Geländefahrer und erfordert fahrerisches Können. Vor allem nach starken Regenfällen tiefe Auswaschungen und Rinnen quer über dem Weg verlaufend, SG 3. Nach wenigen Kehren geht links ein Abzweig zum Gipfel des Monte Saccarello weg, **WP 29ax19**, Sackgasse. Auf 2.200 Metern Höhe bietet sich ein einmaliger Blick in die weite Ebene Richtung Mittelmeer.

Unser Track führt rechts weiter, wir erreichen den Passo di Tanarello. Die holprige Piste führt am Hang entlang bergab, ein kurzes Stück mit leichter Schräglage, hier noch mal SG 3. Bei **WP 29ax21** fahren wir links und treffen auf die **Route 28**, **WP 28ax09** (km-Stand 52). Links führt die Route über den Colle del Garezzo, rechts setzt sich die Grenzkammstraße nach Süden fort und trifft bei Pigna wieder auf Asphalt.

Sant' Antonino di Susa
Rif. Toesca
1710
1400
Rif. del Grávio
Monte Salancia
2088
1659
1484
Forte
2176
Colle d. Finestre
Parco Regionale Orsiera Rocciavrè
2878
Mt. Orsiera
Indiritto
956
Forte
Pequerel
Rif. Selleries
Monte Rocciavrè
2778
Freinetto
2679
Madonna degli Angeli
Forno
Fondufaux
Mentoulles
Depôt
Chambons
Villaretto
Val Chisone
Alpe Colombino
Monte Bocciarda
2213
Balma
2115
Roure
Castèl del Bosco
23
Meano
P. Midi o Muret
2210
T. Chisone
Brancato
Grandubbione
Passet
Roberso
Fauro
Perosa Argentina
(608)
Massello
Serre
Bovile
Pomaretto
Cro
Chiabrano
Tagliaretto
Talucco
S. Martino
Pinasca
(560)
Fleccia
Fontane
Perrero
Riclaretto
Inverso Pinasca
Dubbione
Trossieri
Chiotti
Combagarino
Piano
Villar Perosa
(498)
Ruata
Pramollo
T. Germanasca
Rocca Bianca
2379
Prali
Pellenchi
Francia
21
Pomeano
Rue
916
San Pietro Val Lemina
Sangle
S. Germano Chisone
23
Ghigo
Laghi di Rocca Rossa
Porte
Malanággio
Riaglietto
L. di Envie
Inverso Porte
San Martinetto
2556
Capello d´ Envie
Pradeltorno
Miradolo
1024
S. Secondo di Pinerolo
(413)
Rostagni
P. Cornour
2868
Coissone Prarostino
Serre
974
P. Vergia
2327
Angrogna
M. Vandalino
2121
freytag & berndt
(490)
Luserna
Torre Pellice
S. Michele
Moreri

R30 Lago Lauson

***

Land: Italien, Gebiet: Piemont
Ausgangspunkt: Perosa Argentina
Endpunkt: Lago Lauson

Fahrzeugklassen FZK	Schwierigkeit SG	Zeitbedarf Stunden	Kilometer Gesamt	Kilometer Offroad	Reisezeit Monat
1	2	6	46,6	19,1	06 - 09

Schneefall ist von Anfang Oktober bis Ende Mai möglich.

Ziel des alten Militärsträßchens ist der Lago Lauson, der einsame, kleine Bergsee liegt auf einer Höhe von 2.030 Metern in malerischem Gebirgspanorama.
Die steile, holprige Hochfahrt, auch für PKWs mit etwas Bodenfreiheit machbar, lohnt sich nur in Verbindung mit Wanderungen in dem Gebiet.

Routenbeschreibung

Anfahrt

Der Bergsee befindet sich südlich des Gebiets der Assietta Kammstraße. Von Pinerolo kommend fahren wir kurz vor Perosa Argentina links ab, nach Perrero, Kreisverkehr, **WP 30ax01** (km-Stand: 0). Durch ein enges Tal folgen wir auf schmaler Teerstraße dem Flusslauf, die Straße wechselt mehrmals die Flussseite. Kurz hinter den Häusern von Trossieri geht ein Abzweig links über eine kleine Brücke, Einstieg auf das Bergsträßchen, **WP 30ax04**. Es führen Abzweige links und rechts weg zu alten Häusern, wir folgen dem Hauptweg bergauf. Bei **WP 30ax08** fahren wir geradeaus die ehemalige Militärstraße weiter (Schild), der Asphaltbelag endet. Über einige Serpentinen kommen wir langsam höher, teils über alte Pflastersteine. Die holprige Wegstrecke erfordert etwas Bodenfreiheit, ist aber dennoch einfach zu befahren. Auf langen Abschnitten gibt es nur wenige Ausweichmöglichkeiten für den Gegenverkehr, am Wochenende sollte man die Route daher meiden.

Erst oberhalb der Baumgrenze wird die Strecke durch die sich bietenden Ausblicke interessant

Ab einer Höhe von 1.500 Metern wird der Wald lichter und gibt Ausblicke nach Norden auf die gegenüber liegende Assietta Kammstraße frei, **WP 30ax09**. Schon bald endet der Weg für motorisierte Fahrzeuge an einer Schranke.

Rechts, am Lago Lauson ist ein kleiner Parkplatz mit Tischen, Bänken und einer Quelle. In der Nähe befindet sich eine im Sommer bewirtschaftete Alm. Nur zu Fuß geht es über die weiterführende, schmale Schotterstraße über einen Pass, zur Conca Cialancia, auf 2.450 Meter Höhe, auf dem Hochplateau liegen zwei weitere kleine Bergseen in der Abgeschiedenheit des Piemont. Mehrere Wanderwege können in dem Naturschutzgebiet erkundet werden.

Route	Land	Name	FZK	SG	km off-road	km gesamt	Sterne	Zeit Std.	Seite
R01	Italien	Passo del Brocon	1	2	12,4	24,2	2	2	64
R02	Italien	Monte Lisser	1-3	1	10,8	15,8	2	2	68
R03	Italien	Monte Lozze	1-2	2	33,7	63,5	3	5	72
R04	Italien	Monte Verena	1-2	2	17,8	22,3	3	5	78
R05	Italien	Val d'Assa	1-3	2	13,7	16,2	2	2	88
R06	Italien	Strada della Cucca	1	2	9,0	33,7	4	5	92
R07	Italien	Passo di Tremalzo Nebenroute	1	2	14,6	43,2	3	5	96
R08	Frankreich	Colle del Colombardo	1-2 (3)	3 (4)	18,7	39,3	4	5	100
R09	Frankreich	Lac de Roterel	1	4	8,8	8,8	3	2	104
R10	Frankreich	Lac du Mont Cenis	1-3	1	11,8	23,5	2	2	110
R11	Frankreich	Col de la Met	1	5	13,8	13,8	4	2	118
R12	Italien	Colle Bercia / Lago Nero	1-2	2	18,8	23,7	3	2	122
R13	Italien	Assietta-Kammstraße	1-2	2	47,5	59,8	4	5	128
R14	Italien	Rifugio Selleries	1	2	10,2	10,2	2	2	138
R15	Italien	Colle Sommeiller	1-2	4	39,4	51,6	5	5	142

Route	Land	Name	FZK	SG	km off-road	km gesamt	Sterne	Zeit Std.	Seite
R16	Italien	Monte Jafferau	1-2	3	38,5	49,5	5	5	152
R17	Italien	Passo della Mulattiera	1	2	14,6	18,3	2	2	164
R19	Frankreich	Croix de Toulouse	1	1	3,6	14,0	3	2	168
R20	Frankreich	Col de la Cucumelle	1	4	27,5	30,7	4	5	172
R21	Frankreich	Col de Valbelle	1-2	2	22,6	27,7	3	5	178
R22	Frankreich	Col de Parpaillon	1-2	3	28,9	44,2	4	5	184
R23	Frankreich	Roche la Croix	1	3	15,0	16,2	3	2	192
R24	Frankreich	Col de Mallemort	1	5	14,5	20,0	4	5	200
R25	Italien	Maira-Stura-Kammstraße	1-2	2	15,2	51,4	5	5	206
R26	Italien	Varaita-Maira-Kammstraße	1	4	28,3	44,3	3	5	214
R27	Frankreich	Baisse d'Ourne	1	2	23,4	34,3	3	5	220
R28	Frankreich	Lig. Grenzkammstr. Süd	1	2	29,7	46,0	4	5	228
R29	Frankreich	Lig. Grenzkammstr. Nord	1	3	44,4	52,1	5	5	234
R30	Italien	Lago Lauson	1	2	19,1	46,6	3	2	242

GPS OFF-ROAD

Tourenbücher für 4x4 Abenteurer

ABENTEUER
PISTENKUH
SEIT 21.03.2004